幼儿心理健康教育丛书

丛书主编 赵轩艺 江纯青 刘 磊
本书主编 刘 磊 陈 丹

幼儿心理健康教育活动方案·小班

“心成长”幼儿心理健康教育课题组 组编

扫一扫 看视频

北京师范大学出版集团
BEIJING NORMAL UNIVERSITY PUBLISHING GROUP
北京师范大学出版社

图书在版编目（CIP）数据

幼儿心理健康教育活动方案. 小班 / 刘磊，陈丹主编；"心成长"幼儿心理健康教育课题组组编. —北京：北京师范大学出版社，2019.5（2020.12 重印）
（"心成长"幼儿心理健康教育丛书 / 赵轩艺，江纯青，刘磊主编）
ISBN 978-7-303-24642-7

Ⅰ. ①幼… Ⅱ. ①刘… ②陈… ③心… Ⅲ. ①心理健康 – 健康教育 – 学前教育 – 教学参考资料 Ⅳ. ① G613.3

中国版本图书馆 CIP 数据核字（2019）第 070282 号

营 销 中 心 电 话 010-58802181 58802755
北师大出版社职业教育与教师教育分社 http://zhijiao.bnup.com

出版发行：北京师范大学出版社 www.bnup.com
北京市西城区新街口外大街 12-3 号
邮政编码：100088
印　　刷：北京盛通印刷股份有限公司
经　　销：全国新华书店
开　　本：787 mm × 1092 mm 1/16
印　　张：9
字　　数：150 千字
版　　次：2019 年 5 月第 1 版
印　　次：2020 年 12 月第 2 次印刷
定　　价：35.00 元

策划编辑：罗佩珍　　责任编辑：齐　琳　张筱彤
美术编辑：焦　丽　　装帧设计：焦　丽
责任校对：段立超　包冀萌　　责任印制：陈　涛

丛书编委会

主　编　赵轩艺　江纯青　刘　磊

审　校　刘亚明

本书编委会

主　编　刘　磊　陈　丹

副主编　王新蕾

审　校　陈　涛　于渊莘

整　理　杨　月

插　图　苏海珠

推荐序

感谢“心成长”幼儿心理健康教育课题组邀请我来为这套丛书作序。盛情难却之余，也很高兴看到这个课题项目的成果能以正式出版的方式让更多人受益。

作为一名系统研究心理学并致力于心理学教育 30 多年的专业人士，我欣喜地看到，越来越多的人开始关注积极心理学，并在不同层面以不同方式努力实践它、推广它。这套书的出版就是很好的例证。

历史的发展表明，一个国家的人均国内生产总值处于 3000 美元左右的时期，是其社会矛盾、心理冲突最为严重的时期。根据国家统计局的数据，中国达到这一水平的时间是 2008 年。这也许能从宏观层面解释，为什么近年来心理学课程受到热烈追捧。在我国社会生活中，心理学正从“奢侈品”变成“必需品”。从 19 世纪到 20 世纪，心理学跟其他很多学科一样，对于人性的假定都建立在社会达尔文主义的基础上，着眼于人类焦躁、抑郁、自闭等不好的情绪和心理反应。积极心理学是对这个研究传统的一次颠覆，它建立在现代进化的科学基础上。为顺应时代需求，积极心理学已经不仅是一门研究人类优势和幸福的心理科学，而且成为一场社会运动。积极心理学的创始人塞里格曼提出过一个重要观点，他认为 21 世纪应该是积极心理学的世纪。这一观点从提出到现在已经过了很多年，积极心理学的影响在不断扩大，在中国的影响更是如此。

中国传统文化中有人性本善的理念，这跟积极心理学的理念不谋而合。“人之初，性本善”，3 ～ 6 岁的学前儿童正处在心理成长发展和人格形成的关键时期，其心理健康水平将会对他们的认知、情感、个性、道德水平和社会适应能力等发展产生极其深刻的甚至是难以逆转的影响。幼儿园教育是国民素质教育的奠基阶段，它不仅为个体小学阶段的学习、生活做好准备，更重要的是，它还为个体一生的发展、成才打好健康心理和人格素质的基础。但幼儿心理教育，在我国现阶段的幼儿园教育中，还缺少专门的课程体系。“心成长”幼儿心理健康教育课题的推进和这套丛书的出版，无疑是一次难能可贵的积极探索。

从所选择的内容上看，“心成长”幼儿心理健康教育课题选择的自我、安全感、情绪、人际交往等心理学维度，相对全面地体现了幼儿心理健康教育的几大内容——自主自理能力教育、探索周围世界教育、交往教育、爱心教育、积极的自我意识与主观幸福感教育。

从所采用的方法上看，“心成长”幼儿心理健康教育课题以问题为切入点，这与清华大学所倡导的以问题解决为导向的学风也不谋而合。整个项目及全套丛书将分离焦虑、口欲期延迟、自我中心化等心理学专业解读，运用于入园哭闹、咬手、争抢玩具等幼儿常见问题行为，梳理令幼儿园教师及幼儿家长最头疼的问题行为，讲解其背后的心理学机制，并给出有针对性的方法。角色转换、去除不确定性等心理学专业方法，也都被融合在故事讲述、戏剧扮演的游戏方式中，充分顺应了幼儿教育的活动性原则，实现了自发活动与设计活动的结合以及教师与家长直接指导与间接指导的结合。

在高速发展的当下社会，功利主义风行。在教育中过于强调功利目标尤为不妥。我国的学前教育偏实用，在蓬勃发展的同时也有若干不足：重身体健康教育，轻心理健康教育；重智力培养，轻人格养成；重发展水平好的幼儿，轻发展相对缓慢的幼儿；重知识技能培养，轻情绪、情感、态度和社会交往能力培养等。“心成长”幼儿心理健康教育课题正是针对这一现实状况的良好回应。

心理学研究仍在不断发展，幼儿心理教育事业更是任重而道远。“心成长”幼儿心理健康教育课题在心理学理论与幼儿教育实践的结合上做了有益的尝试，虽然仍有提升空间，但的确迈出了可喜的一步。在此，衷心祝贺“心成长”幼儿心理健康教育课题研有所成，也预祝本套“‘心成长’幼儿心理健康教育丛书”出版顺利！

彭凯平，心理学博士、教授
清华大学社会科学学院院长
中国国际积极心理学大会执行主席（2009 年至今）

自 序

几经修改，稿件陆续整理出眉目，“‘心成长’幼儿心理健康教育丛书”付梓在即，心中感觉仍如做梦一般。机缘巧合和共同志趣，促成了“心成长”幼儿心理健康教育课题的诞生及本套丛书的出版。

我与丛书的另两位主编，相识于合作“心成长”课题之前。

我与江纯青是故交，从西安到北京，二十几年间，从当初的同系校友和球队队友，到后来的作者与编辑，我们时有交流与合作。她作为时尚色彩咨询业界的研发高手和公司高管，却一直对心理学有浓厚兴趣，坚持心理学的系统学习和咨询实践，并在事业有成的不惑之年，明确了助人自助的人生目标，与同样跨界的赵轩艺一同创办了北京麦乐佳禾教育科技有限公司心理学平台。

说到赵轩艺，她也堪称奇女子——西安美术学院油画系的本科高才生，北京电影学院动画专业的研究生，毕业后在央视从事新媒体工作。为人妻为人母之后，她发现了针对女性心理辅导的市场需求，于是全情投入，始有北京麦乐佳禾教育科技有限公司的诞生，成就了现实版“可以靠颜值，却偏要靠实力”的人生。

我自己，在投身心理学之前，在时尚出版界工作了十几年，是书刊兼顾的职业出版人，后因生育问题离开供职的事业单位，回归家庭。在育儿过程中，从自身需要出发，我对心理学，尤其是儿童心理学产生了浓厚兴趣，便读了儿童心理学专业的研究生，通过了国家二级心理咨询师认证，开启了人生新旅程。

“心成长”幼儿心理健康教育课题缘起于我们三人的头脑风暴。彼时，江纯青与赵轩艺联合创办的北京麦乐佳禾教育科技有限公司成立伊始，坚定地将“母亲”“孩子”定位为核心目标服务人群，而我正在为其他教育公司开发素质教育类课程。闲聊中，我们一致认定：首先，幼儿阶段是人生的奠基阶段，很多人青春期甚至成年后的心理及行为问题都可追溯到幼儿时所受的影响；其次，身心健康是人成长和取得成就最重要的基础，身体健康又在一定程度上以心理健康为基础；再次，国家对国民心理健康的重视程度日益提升，但专门面向幼儿的心理健康教育仍处在相对空白的状态；最后，在我国经济高速发展的现阶段，心理学的作用和价值越来越凸显。基于这几点共识，我们立志要研发一套针对幼儿的心理健康教育课程，填补相应的市场空白；并明确将幼儿园作为课程核心目标客户，以使研究成果惠及更多的幼儿。于是，“心成长”幼儿心理健康教育课题正式诞生！

和所有科研创新一样，本课题的研究过程也难免曲折。困难来自方方面面：首先，心理学在国内还处于起步阶段，大部分民众对心理学的认识还停留于治疗精神疾病的层面，市场还需要培育；其次，针对幼儿的心理健康教育鲜有可借鉴的成品，一切都要摸着石头过河；再次，幼儿教育市场相对成熟，有比较高的进入成本和行业壁垒。但女子本弱，为母则刚，身为人母的我们，为了自己和其他母亲、孩子，愿意做探路者！于是，在目标确定之后，我们从麦乐平台聚集的大量心理咨询师中，吸纳了优秀的游戏治疗师、儿童心理咨询师、婚姻家庭心理工作者，组建相关工作组；与相关科研院所及一线幼儿园合作，共同成立“心成长”幼儿心理健康教育课题组。我们对幼儿园教师和家长进行了较大规模的问卷调查，并结合相关访谈，确定了“以困扰幼儿园教师及家长的幼儿问题行为为导向，以专业心理咨询师与学前教育一线工作者的结合为核心，以幼儿喜欢的游戏方式为表现形式”的原则。在研发过程中，课题组不断根据市场需求和其他领域的最新研究成果，及时调整相关主题和表现方式，如引入浸入式裸眼虚拟现实技术，开发专门的多媒体课件，以求让幼儿在更有艺术质感的情境中自然而然地感受、体会情境，提升能力。

经过心理、教育、科技等不同领域人员的共同努力，“心成长”幼儿心理健康教育课题研究初获成果，形成了教师手册、家长手册、幼儿成长手册、多媒体课件、玩教具系列等硬件系统，以及教师培训、家长沙龙、家长线上线下咨询等相关软件体系，努力为幼儿心理健康教育创设相对立体、多视角的生态环境。虽然初衷美好，但毕竟幼儿心理健康教育是一个宏大的课题，又缺乏相关成熟经验可以借鉴，“心成长”幼儿心理健康教育课题还有诸多不完善之处。希望广大读者及相关人士不吝赐教、批评指正，大家一起为幼儿心理健康教育做出有益的探索和尝试。

无论是学前教育，还是幼儿心理健康教育，都需要家庭、幼儿园、社会的共同认知和一致行动。希望“心成长”幼儿心理健康教育课题的成果能为呵护幼儿心理健康，培养更健康、更有能力的下一代而有所贡献。

三个女人一台戏，这套“‘心成长’幼儿心理健康教育丛书”就是我和江纯青、赵轩艺的合唱曲。愿这曲试唱能引来回响，愿天下孩子都健康成长！

刘　磊

“心成长”幼儿心理健康教育课题组负责人

前　言

每个孩子都是天使，天真无邪，对世界充满好奇；每个成人都曾是孩子，体会过孩子的单纯和美好、快乐和烦恼……只是，长大成人之后，成人似乎就忘了曾经的感受，进入成人的世界便不再聆听孩子的心声。于是，无论是家长还是教师，在陪伴孩子成长的过程中，总会发现并受困于孩子这样或那样的“问题”行为。

其实，幼儿期就是一个学习的过程，幼儿的玩就是学习。在这个过程中，幼儿发展出了各种行为，有些行为从表面看跟幼儿内心想表达的内容非常不同。成人习惯把其中某些行为称为“问题”,而且可能会将“孩子有个问题行为”演变成“孩子是个问题幼儿”，给幼儿贴上“问题”的标签，然后找专家帮忙。

设立“心成长”幼儿心理健康教育课题的初衷，就是希望能在充分了解幼儿成长规律的基础上，把握幼儿期成长的关键时间点，从让成人感到困惑的“问题”行为或幼儿在特定阶段可习得的社会心理适应能力入手，建立一个相对系统的幼儿心理健康辅助体系。通过这个体系，相关的幼儿园教师、幼儿家长可以获得有针对性的幼儿心理解读，为适龄的幼儿提供寓教于乐的心理互动游戏。

本套“‘心成长’幼儿心理健康教育丛书”是“心成长”幼儿心理健康教育课题的物化成果之一，以课题体系在幼儿园中的应用为目的，根据幼儿园的实际需要，结合不同年龄幼儿的心理发展规律和行为特点,针对 3 ～ 4 岁(小班)、4 ～ 5 岁(中班)、5 ～ 6 岁(大班)幼儿设计相应的教学活动。其主要特点有以下 5 点。

1. 从幼儿问题行为入手。这些教学活动的主题，是在大量数据调研及访谈基础上，根据幼儿园一线教师反馈最集中的问题行为或成长预期，从儿童心理学视角出发而选定的，涉及自我、安全感、情绪、人际交往四方面。

2. 由心理学工作者、幼教工作者、科技人员等领域的专业人士联合研发。心理学专业人士为国家二级心理咨询师、儿童游戏治疗师，且大多数已经是孩子家长，不仅有丰富的专业知识和经验，而且对目标人群有充分的理解；幼教师资方面，课题组吸纳了大量一线幼儿园教师、学前教育专家，他们对课题选择、内容编写进行了严格把关；科技人员的加入为整个课题的研发提供了线上咨询手机软件、裸眼虚拟现实课件等专业技术。三方的合作确保了内容的专业性、适应性和可操作性。

3. 有专门开发的硬件和软件，形成了立体化配套服务系统。教师手册、家长手册、学生成长手册、玩具、教具、裸眼虚拟现实、多媒体课件等硬件的开发，以及师资培训、家长咨询服务等软件服务，方便了幼儿园、家庭、社会三方的共同协作，确保课题成果的立体化实施。

4. 寓教于乐，所有主题都以幼儿喜闻乐见的游戏方式展开。课题组专门开发设计了橘子猫系列卡通人物形象，为幼儿创造出独特的社会环境体系，便于幼儿产生共情及代入感。

5. 模块化的主题设计便于教师结合幼儿园教学时间点，配合节日、节气等幼儿园教学重点，与其他教学内容结合开展。

身心健康是一切人生幸福与成就的基础，心理健康在很大程度上影响甚至决定着身体的健康。幼儿期的心理健康是个体身心健康发展的重要时期，是个体感知觉发展、情绪情感发展、人际交往能力发展以及人格形成的起始阶段，可以说幼儿期是整个人生的基石。本课题的研发正是为幼儿心理健康教育所做的有益尝试。

作为这个课题的策划和实际运作方，北京麦乐佳禾教育科技有限公司自创立之初即以心理健康为主业，以儿童及女性为主要目标人群。在本课题的研发过程中，承蒙各方的大力支持，希望借此套丛书的出版一并表示衷心的感谢。如有关于书中课件等需求可联系我们：xinchengzhang2018@163.net。

谨以此套丛书献给所有充满情怀与责任感的教育工作者们！

赵轩艺

北京麦乐佳禾教育科技有限公司 CEO

目 录
CONTENTS

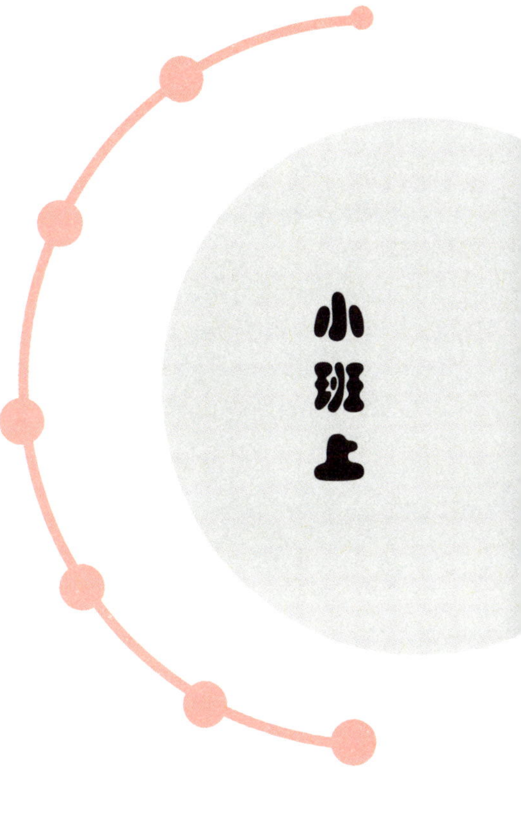

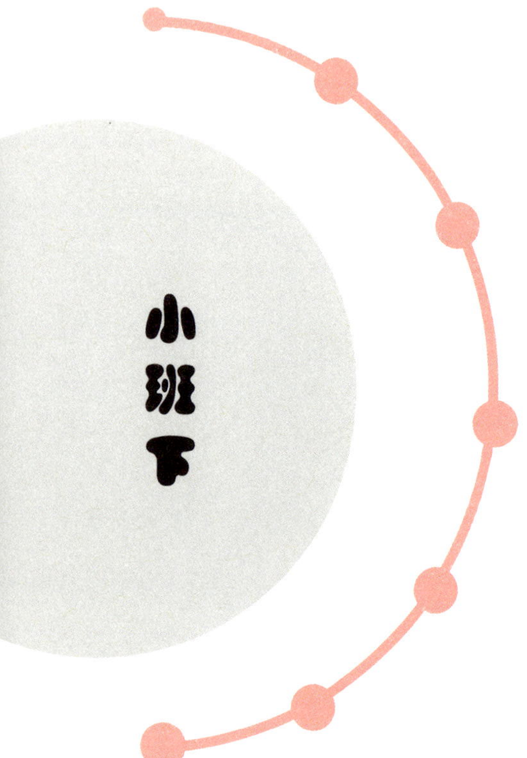
小班下

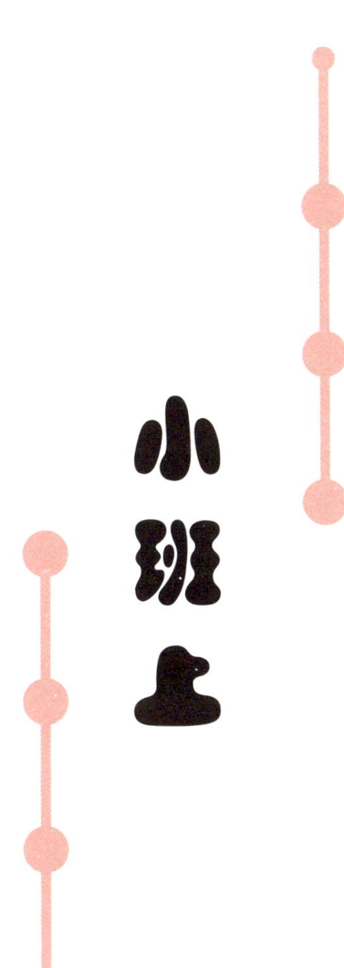
小班上

安全感

减少不确定性，缓解入园焦虑（一）

——橘子猫上幼儿园

涉及领域

健康	语言	社会	科学	艺术
🦉	🦉	🦉		

游戏指标

趣味性 ★★★

互动性 ★★★★

知识性 ★★★

操作性 ★★★★

一、活动背景

幼儿入园分离焦虑[1]是幼儿从自然人到社会人转变过程中所产生的情绪。适龄幼儿离开父母和家庭，进入幼儿园小班游戏和生活，迈出了其社会化进程中重要的一步。在这一过程中，由于直接面临与家长的长

注释：

①分离焦虑是年幼个体害怕与父母或其他主要抚养人分离而表现出的紧张与焦虑。

——杨治良、郝兴昌:《心理学辞典》，上海，上海辞书出版社，2016。

时间分离，幼儿经受着分离焦虑所带来的痛苦。幼儿分离焦虑既与其他焦虑有着共同点，又有着这一年龄段的独特之处。如何处理幼儿的分离焦虑是每个家长都要面对的难题。本活动通过互动屏情景剧，一方面转移幼儿的注意力，另一方面用故事情节传达明确的幼儿园生活信息，减少不确定性，缓解因陌生环境带来的紧张感。

二、活动概况

<table>
<tr><td>活动名称</td><td colspan="2">橘子猫上幼儿园</td><td>针对问题</td><td colspan="2">入园焦虑</td></tr>
<tr><td>相关维度</td><td colspan="2">安全感</td><td>核心关键</td><td colspan="2">减少不确定性</td></tr>
<tr><td>活动代码</td><td>JI01A</td><td>授课对象</td><td>小班（上）</td><td>课时安排</td><td>10 ～ 15 分钟</td></tr>
</table>

三、活动目标

1. 通过情景剧人物做角色代入，令幼儿产生共情，知道入园焦虑是正常的，促进自我接纳。

2. 故事情节对应入园关键环节，传达明确的信息，减少不确定性，树立榜样。

四、活动准备

<table>
<tr><th colspan="2">类型</th><th>内容</th><th>明细（名称、数量、要求）</th></tr>
<tr><td rowspan="6">硬件准备</td><td rowspan="3">教具</td><td>教师示范用</td><td>情境图，橘子猫玩偶，橘子猫妈妈玩偶，小兔子玩偶，互动屏</td></tr>
<tr><td>教师奖励用</td><td>橘子猫笑脸或大拇指贴纸（若干）</td></tr>
<tr><td>幼儿消耗用</td><td>无</td></tr>
<tr><td rowspan="3">场地</td><td>活动室</td><td>本班活动室</td></tr>
<tr><td>桌椅摆放</td><td>半圆形围坐（或横排坐），确保每个幼儿都能看到教师，便于教师授课</td></tr>
<tr><td>其他</td><td>无</td></tr>
<tr><td colspan="2" rowspan="2">软件准备</td><td>幼儿相关能力</td><td>由教师根据本班情况自主填写</td></tr>
<tr><td>本活动重点关注幼儿</td><td>由教师根据本班情况自主填写</td></tr>
</table>

五、活动过程

热场（1～2 分钟）

方式——在多媒体课件带动下，进行 1 ～ 2 分钟律动。

目的——激发引导幼儿充分参与其中，破冰与放松。

主题导入（3～5分钟）

方式——橘子猫带入情境。

目的——通过橘子猫自我介绍、教师用橘子猫玩偶的演示，引导幼儿进入新生入园情境。

用具——情境图，橘子猫玩偶。

主题活动（3～5分钟）

方式——橘子猫情景剧及互动提问。

教师：小朋友们，在橘子猫进幼儿园之前，橘子猫妈妈给了他一件什么法宝让他可以在想妈妈时得到力量呢？

小兔子将手绢分享给了谁？最后它见到妈妈了吗？

小朋友们，橘子猫幼儿园里的老师是谁？她是什么样子的？她说话声音好听吗？橘子猫在幼儿园都做了些什么？

目的——互动提问与故事相结合；技巧性引导幼儿，打破未知，建立确定性。

用具——情境图，互动屏，橘子猫玩偶，橘子猫妈妈玩偶，小兔子玩偶。

分享与总结（1～2分钟）

方式——感受分享。

目的——引导幼儿释放担心、害怕、焦虑的情绪。

律动结束（1分钟）

方式——感恩律动。

目的——运用感恩升华主题。
欢乐结尾，创造期待。

六、注意事项

活动重点

作为系列课程的第一次教学活动，教师对所有程序性内容都需要重点强调，必要时加以重复，如热场、扣题、感恩环节及其配套的歌谣，以便留下印象，增强仪式感。相关歌谣本身富有韵律，便于幼儿放松并进入状态。

在讲解故事的过程中，教师注意按照备注提示语调、配合动作等，增强现场的吸引力和感染力。

活动难点

有些不在状态的幼儿没有跟上活动节奏，或没按要求进行活动，教师切记不要指责，应给予这些幼儿特别的帮助，吸引其注意力并给予配合。

活动延伸

教师通知家长准备下次活动的物料（小毛巾）。

教师向家长解释入园焦虑。

教师可针对幼儿在园的表现，将家长集中关心的问题以最简单的方式汇总提供给家长，缓解家长的分离焦虑。

教师了解幼儿的家庭情况、入园前的性格特点、看护人关系等，结合幼儿入园状况，进一步了解幼儿。

其他建议

交往准备：入园前家长要有计划地扩大幼儿的交往范围和活动空间，帮助幼儿找玩伴，多和其他幼儿接触，引导幼儿主动与他人交往；家长间也要多接触，以帮助幼儿建立良好的人际关系和社会关系，初步建立交往的信任感和安全感。

心理准备：家长要培养幼儿入园后需具备的一些情感态度，平时家长可以带幼儿参观幼儿园，熟悉幼儿园环境，让幼儿知道幼儿园是学习本领、游戏玩耍的地方，在那里能够玩许多新玩具，结交许多新朋友，有老师和小朋友一起玩，激起幼儿上幼儿园的愿望；同时，家长要告诉幼儿："从上幼儿园那天起，我们早上把你送进幼儿园，晚上下班再来接你。"让幼儿对家长暂时的消失有心理准备，知道并不是永远见不到家长了。

生活准备：家长要让幼儿学习一些必要的生活常规，初步培养自理能力；如果幼儿在入园前不具备生活自理能力，那么幼儿适应幼儿园的新环境时将有一定困难；家长要了解幼儿园的一日常规，有目的地培养幼儿的生活习惯和自理能力。

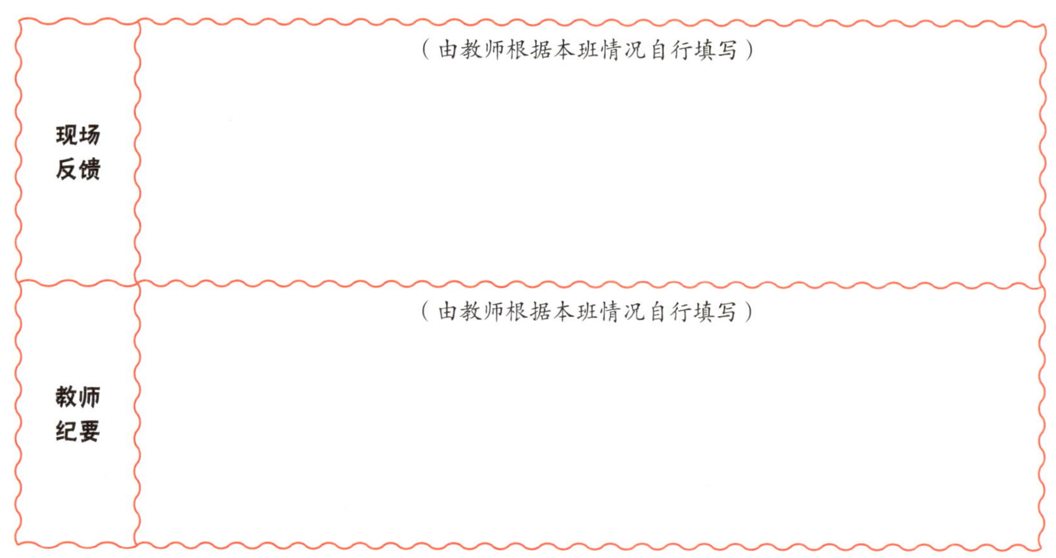

现场反馈	（由教师根据本班情况自行填写）
教师纪要	（由教师根据本班情况自行填写）

安全感

减少不确定性，缓解入园焦虑（二）

——幼儿园的一天

涉及领域

健康	语言	社会	科学	艺术
🦉	🦉	🦉		

游戏指标

趣味性 ★★★★

互动性 ★★★★

知识性 ★★★

操作性 ★★★★

一、活动背景

适龄幼儿离开家长和家庭进入幼儿园小班游戏和生活，迈出了其社会化进程中重要的一步。在这一过程中，由于直接面临与家长的长时间分离，幼儿会显得很焦虑。如何处理幼儿分离焦虑是每个教师都要面对的难题。幼儿的入园焦虑是由多种原因造成的，如亲子分离，对陌生环境感到焦虑，幼儿不知道在幼儿园的一天会发生什么。本活动通过带领幼儿学习幼儿园一日流程，帮助幼儿拆解目标，明确认知，减少不确定性，缓解焦虑。

二、活动概况

<table>
<tr><td>活动名称</td><td colspan="2">幼儿园的一天</td><td>针对问题</td><td colspan="2">入园焦虑</td></tr>
<tr><td>相关维度</td><td colspan="2">安全感</td><td>核心关键</td><td colspan="2">减少不确定性</td></tr>
<tr><td>活动代码</td><td>JI02A</td><td>授课对象</td><td>小班（上）</td><td>课时安排</td><td>10 ～ 15 分钟</td></tr>
</table>

三、活动目标

1. 将幼儿园一天的活动安排清晰化，帮助幼儿建立明确认知，减少不确定性带来的焦虑与不安全感。

2. 帮助幼儿初步建立目标感:将在幼儿园度过一天这个大目标拆解为若干个小目标，帮助幼儿有步骤、有节奏地度过一天。

四、活动准备

类型		内容	明细（名称、数量、要求）
硬件准备	教具	教师示范用	幼儿园一日流程图，橘子猫玩偶
		教师奖励用	橘子猫笑脸或大拇指贴纸（若干）
		幼儿消耗用	答题卡，流程贴纸
	场地	活动室	本班活动室
		桌椅摆放	半圆形围坐（或横排坐），确保每个幼儿都能看到教师，便于教师授课
		其他	无
软件准备		幼儿相关能力	由教师根据本班情况自主填写
		本活动重点关注幼儿	由教师根据本班情况自主填写

五、活动过程

热场（1～2 分钟）

方式——在多媒体课件带动下，进行 1 ～ 2 分钟律动。

目的——激发引导幼儿充分参与其中，破冰与放松。

主题导入（3～5分钟）

方式——回忆故事《橘子猫上幼儿园》的内容，教师引领幼儿回顾一日生活流程：吃早饭，玩玩具，户外游戏，午饭，睡觉，玩玩具，放学。

目的——流程清晰化、明确化。

用具——幼儿园一日流程图，橘子猫玩偶。

主题活动（3～5分钟）

方式——在帮助幼儿建立了对幼儿园活动规律的认知后，教师发放答题卡，让幼儿给不同流程贴纸按时间排序，每完成一个程序则给予一个奖励，完成所有程序就可以回家了。

目的——打破未知，建立确定性。

用具——答题卡，流程贴纸。

分享与总结（1～2分钟）

方式——感受分享。

目的——引导幼儿释放因未知所带来的担心、害怕、焦虑情绪，鼓励表达，正向引导。

律动结束（1分钟）

方式——感恩律动。

目的——运用感恩升华主题。

欢乐结尾，创造期待。

六、注意事项

活动重点

幼儿园一日流程务必清晰、简洁、明确。

活动难点

对格外担忧的幼儿教师注意进行情绪疏导。

活动延伸

教师引导幼儿运用课程中学到的方法管理自己一天的日程安排，幼儿每完成一个程序都要贴贴纸，帮助幼儿建立目标感，引导幼儿体验成功的快乐。

其他建议

家长要科学看待幼儿的入园焦虑，及时接送幼儿，信任幼儿园教师。

教师帮助幼儿熟悉幼儿园规则，要有耐心和爱心；鼓励和引导幼儿将注意力从焦虑转移到同伴交往和园内游戏上来。

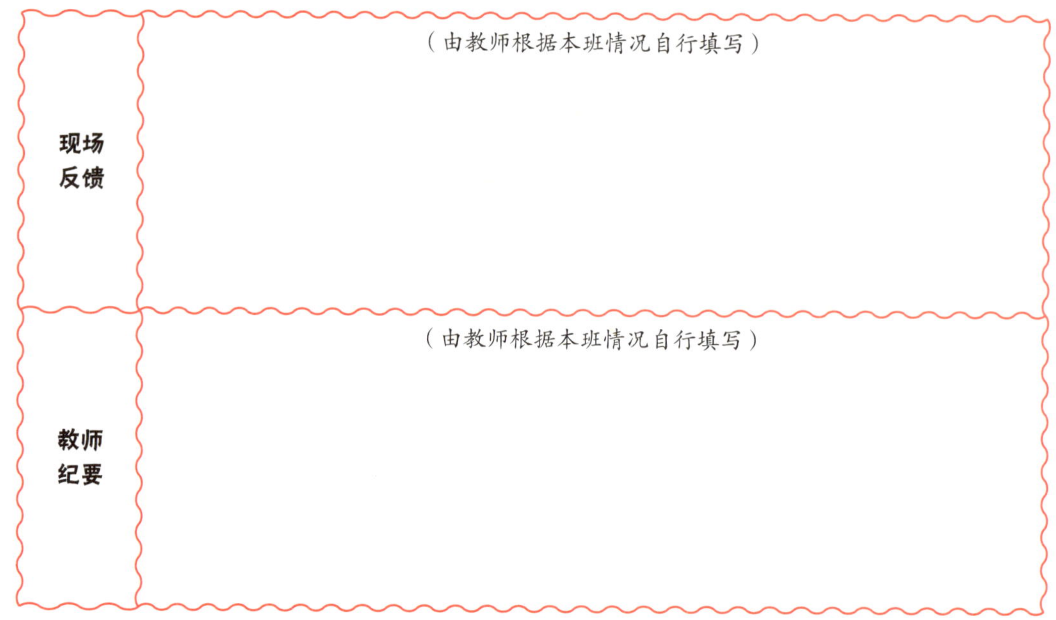

现场反馈	（由教师根据本班情况自行填写）
教师纪要	（由教师根据本班情况自行填写）

安全感

依恋替代，缓解入园焦虑

——有你在身边，真好（一）

涉及领域

健康	语言	社会	科学	艺术

游戏指标

趣味性 ★★★

互动性 ★★★★

知识性 ★★★

操作性 ★★★★

一、活动背景

本活动通过手工制作毛巾妈妈，帮助幼儿建立依恋替代，从而将对真实妈妈的依恋转移到手工毛巾妈妈上，实现依恋对象的可随身携带性，缓解真实妈妈不在身边时的焦虑与思念。

二、活动概况

<table>
<tr><td>活动名称</td><td colspan="2">有你在身边，真好（一）</td><td>针对问题</td><td colspan="2">入园焦虑</td></tr>
<tr><td>相关维度</td><td colspan="2">安全感</td><td>核心关键</td><td colspan="2">依恋替代</td></tr>
<tr><td>活动代码</td><td>JI03A</td><td>授课对象</td><td>小班（上）</td><td>课时安排</td><td>10～15分钟</td></tr>
</table>

三、活动目标

1. 帮助幼儿运用有效的方法应对焦虑情绪，并逐步适应新环境。
2. 在教师的引导下认识毛巾、橡皮筋等生活中的常见物品，了解其多种用法。
3. 带领幼儿自己动手折叠相应玩偶，并熟悉橡皮筋的使用。

四、活动准备

<table>
<tr><th colspan="2">类型</th><th>内容</th><th>明细（名称、数量、要求）</th></tr>
<tr><td rowspan="6">硬件准备</td><td rowspan="3">教具</td><td>教师示范用</td><td>橘子猫玩偶，方形小毛巾（除了统一准备材料包，允许家长为小朋友们准备合乎要求的手绢和毛巾），演示场景图，互动屏</td></tr>
<tr><td>教师奖励用</td><td>橘子猫笑脸或大拇指贴纸（若干）</td></tr>
<tr><td>幼儿消耗用</td><td>无</td></tr>
<tr><td rowspan="3">场地</td><td>活动室</td><td>本班活动室</td></tr>
<tr><td>桌椅摆放</td><td>半圆形围坐（或横排坐），确保每个幼儿都能看到教师，便于教师授课</td></tr>
<tr><td>其他</td><td>无</td></tr>
<tr><td colspan="2" rowspan="2">软件准备</td><td>幼儿相关能力</td><td>由教师根据本班情况自主填写</td></tr>
<tr><td>本活动重点关注幼儿</td><td>由教师根据本班情况自主填写</td></tr>
</table>

五、活动过程

热场（1～2分钟）

方式——在多媒体课件带动下，进行1～2分钟律动。

目的——激发引导幼儿充分参与其中，破冰与放松。

主题导入（3～5分钟）

方式——橘子猫带入情境。

目的——引导幼儿回忆第一个活动中的情景剧《橘子猫上幼儿园》，将入园焦虑合理化，强化与重温放松技巧。

用具——演示场景图，橘子猫玩偶。

主题活动（3～5 分钟）

方式——①教师展示方形小毛巾，互动交流“我们也有一条像橘子猫带的那样的毛巾”，一起感受毛巾的质感，如柔软、芳香、温和，一起说说毛巾的作用，如擦鼻涕、擦眼泪、擦口水，这块毛巾可以像妈妈一样一直陪伴自己。②教师带领幼儿一起制作“最亲爱的妈妈”人偶，让小毛巾像妈妈一样。③幼儿描述作品，重点介绍人偶代表的是哪位亲人，并模仿这个人是如何鼓励自己上幼儿园的，或见到自己时开心的动作或语言。④教师带领幼儿拥抱小人偶，拥抱心中最亲近的人。

目的——步骤清晰，操作简易，留意幼儿做手工的进度，掌握合理节奏。

用具——方形小毛巾，互动屏，橘子猫玩偶。

分享与总结（1～2 分钟）

方式——感受分享。

目的——引导幼儿释放对入园所产生的担心、害怕、焦虑的情绪，强化毛巾妈妈带来的安全感与熟悉感。

律动结束（1 分钟）

方式——感恩律动。

目的——运用感恩升华主题。

欢乐结尾，创造期待。

六、注意事项

活动重点

强调毛巾的质感及亲人的感觉。

亲手做的小人偶作为亲人的替代，一直陪在幼儿身边。

活动难点

教师在互动中引导幼儿正向感受。

教师允许并鼓励幼儿有不止一种可以替代亲人的物品。

教师额外展示一只毛巾小兔，以便角色代入，并为下节课的内容进行预热。

活动延伸

幼儿回到家请妈妈（或其他最亲近的人）为小人偶加上眼睛，让小人偶真正成为亲人的替代，并请家长拥抱小人偶和幼儿。

其他建议

教师做好入园前家访。在幼儿正式入园前，教师对每个家庭进行家访，认真倾听家长对自己孩子生活习惯和脾气禀性的介绍，然后善意地提醒家长为幼儿做一些入园准备，如准备些替换衣服等；认真倾听家长的介绍，记录幼儿在家的日常起居情况。家长通过与教师进行交流，对幼儿园教师的工作更加放心，进而缓解家长的焦虑。此外，教师也可以和幼儿做一些交流，让幼儿熟悉教师，增强幼儿对教师的信任。

寓教于乐，开展丰富多样的游戏活动。根据幼儿的年龄特点，教师在开学初的一周内采用多样的方法，如用色彩鲜艳、新奇的玩具吸引幼儿的注意力，组织丰富有趣的户外活动，帮助幼儿交朋友；采用正面鼓励和侧面引导的方法让幼儿在集体生活中体验快乐，满足幼儿社会性交往的需要；给幼儿营造安全、温馨的氛围。这些都有助于缓解幼儿的分离焦虑。

特殊情况，个别对待。每年小班新生中都会有几个特别的幼儿，其入园焦虑水平超过其他幼儿。面对这种情况，教师应在幼儿园里采取一些特殊对策，如开辟专门活动室以稳定其情绪；为拒绝进食的幼儿准备一些小点心或向家长了解其饮食偏好等。教师与家长积极沟通并研究制定最有效的方案，以消除入园焦虑。

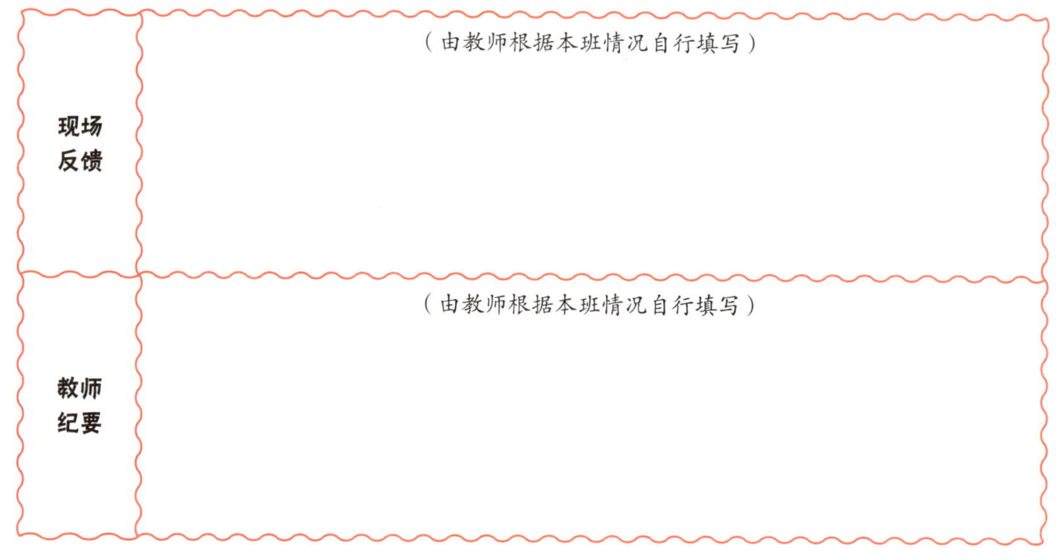

现场反馈	（由教师根据本班情况自行填写）
教师纪要	（由教师根据本班情况自行填写）

安全感

情绪抽离与角色转换，缓解入园焦虑

——有你在身边，真好（二）

涉及领域

健康	语言	社会	科学	艺术
🦉	🦉	🦉		

游戏指标

趣味性 ★★★

互动性 ★★★★

知识性 ★★★

操作性 ★★★★

一、活动背景

本活动通过手工制作毛巾兔子，帮助幼儿从焦虑的情绪中抽离出来，在帮助更弱小的对象——小兔子的过程中增强内心力量，掌握放松技巧。

二、活动概况

<table>
<tr><td>活动名称</td><td colspan="2">有你在身边，真好（二）</td><td>针对问题</td><td colspan="2">入园焦虑</td></tr>
<tr><td>相关维度</td><td colspan="2">安全感</td><td>核心关键</td><td colspan="2">情绪抽离、角色转换</td></tr>
<tr><td>活动代码</td><td>JI04A</td><td>授课对象</td><td>小班（上）</td><td>课时安排</td><td>10 ～ 15 分钟</td></tr>
</table>

三、活动目标

1. 引导幼儿进一步掌握自我放松的方法；尝试帮助别人，在帮助他人的过程中放松自己。

2. 引导幼儿进一步熟悉毛巾折叠和橡皮筋的使用。

四、活动准备

<table>
<tr><th colspan="2">类型</th><th>内容</th><th>明细（名称、数量、要求）</th></tr>
<tr><td rowspan="6">硬件准备</td><td rowspan="3">教具</td><td>教师示范用</td><td>橘子猫玩偶，方形小毛巾（除了统一准备材料包，允许家长为孩子准备合乎要求的手绢和毛巾），演示场景图，互动屏</td></tr>
<tr><td>教师奖励用</td><td>橘子猫笑脸或大拇指贴纸（若干）</td></tr>
<tr><td>幼儿消耗用</td><td>无</td></tr>
<tr><td rowspan="3">场地</td><td>活动室</td><td>本班活动室</td></tr>
<tr><td>桌椅摆放</td><td>半圆形围坐（或横排坐），确保每个幼儿都能看到教师，便于教师授课</td></tr>
<tr><td>其他</td><td>无</td></tr>
<tr><td colspan="2" rowspan="2">软件准备</td><td>幼儿相关能力</td><td>由教师根据本班情况自主填写</td></tr>
<tr><td>本活动重点关注幼儿</td><td>由教师根据本班情况自主填写</td></tr>
</table>

五、活动过程

热场（1～2 分钟）

方式——在多媒体课件带动下，进行 1 ～ 2 分钟律动。

目的——激发引导幼儿充分参与其中，破冰与放松。

主题导入（3～5分钟）

方式——橘子猫带入情境。

目的——引导幼儿回忆手工“毛巾妈妈”，分享感受，强化安全感。

用具——演示场景图，橘子猫玩偶。

主题活动（3～5分钟）

方式——①师幼互动交流：橘子猫帮助了谁？小兔子为什么需要帮助？你们愿意帮助和照顾它吗？②展示方形小毛巾，教师引导：我们这里也有和橘子猫一样的毛巾，它可以变身为小兔子，成为我们的小伙伴。③教师带领幼儿一起制作胆小的小兔子玩偶。④幼儿描述作品，重点介绍玩偶代表的是什么样的小伙伴，他需要什么帮助，幼儿可以给他什么样的帮助。⑤教师带领幼儿拥抱、亲吻小玩偶，给予伙伴帮助和爱。

目的——强化幼儿帮助他人的内在力量。

用具——方形小毛巾，互动屏，橘子猫玩偶。

分享与总结（1～2分钟）

方式——感受分享。

目的——引导幼儿释放因入园所产生的担心、害怕、焦虑，强化毛巾兔子带来的陪伴感，以及自身在帮助小兔子的过程中的成就感和喜悦感。

律动结束（1分钟）

方式——感恩律动。

目的——运用感恩升华主题。

欢乐结尾，创造期待。

六、注意事项

活动重点

教师引导幼儿对身边弱者进行关注，并在帮助他人的过程中感受自己的能力，获得勇气。

活动难点

教师在互动中引导儿童正向感受。

教师帮助幼儿进行卷毛巾的动作和双手配合套橡皮筋的动作。

幼儿在讲述分享时清晰表述。

活动延伸

幼儿回到家可以将这个故事讲给家长听，并请妈妈（或其他最亲近的人）为小玩偶加上眼睛，让小玩偶真正成为亲人的代表，家长拥抱小玩偶和幼儿。

其他建议

家园配合，协同一致。入园焦虑不仅表现在幼儿身上，不少家长也会出现不同程度的焦虑，主要因为担心孩子在幼儿园这一相对陌生的环境中能否正常地学习和生活。有些家长在送孩子时依依不舍，并时常打电话询问孩子在园的情况。所以，教师应与家长建立紧密的联系，主动和家长交流幼儿的在园情况，随时介绍幼儿的动态，做好家长工作，争取家长的配合，以便共同帮助幼儿克服不良情绪；同时缓解家长因孩子入园而产生的焦虑心理，这也是缓解幼儿焦虑的一个不可忽视的方面。

开展亲子活动，减少陌生感。教师请家长与幼儿一起参与幼儿园活动，体验幼儿园生活。在亲子活动里，幼儿在家长的陪同下来到幼儿园，在老师引导下积极参加各种室内外活动，体验集体生活的乐趣。例如，教师为幼儿安排了点名时间，幼儿自我介绍后，《找朋友》的音乐响起，家长和幼儿拉起手，去找自己的朋友，逐渐体验到交往的快乐。家长可以让孩子不自觉地将自己的活动场所延伸到幼儿园，幼儿园自由、快乐的学习生活氛围也会让孩子全身心接受。在进入幼儿园之前，家长为孩子进行这一充分的准备，可以很有效地平缓孩子对陌生环境的紧张情绪，特别是家长对孩子的陪伴，可使孩子平稳度过初入幼儿园的不适应期。

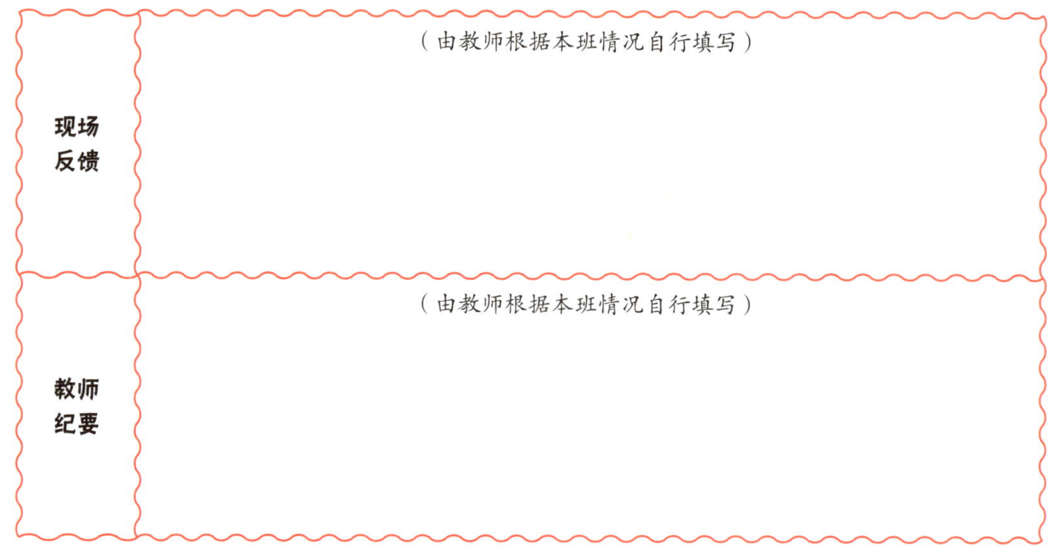

现场反馈	（由教师根据本班情况自行填写）
教师纪要	（由教师根据本班情况自行填写）

情　绪

情绪识别与处理，合理表达负面情绪

——魔毯放气球

涉及领域

健康	语言	社会	科学	艺术

游戏指标

趣味性 ★★★

互动性 ★★★

知识性 ★★

操作性 ★★★★

一、活动背景

我们每天都体验着各种各样的情绪，但却对它们非常陌生。每个人都有各种各样的情绪，我们可能经历过纯粹的快乐和满足，也体验过不同形式的不良情绪，如痛苦、害怕、尴尬、沮丧、伤心、愤怒、焦虑、嫉妒等。

当我们有情绪的时候，我们本可以自在地把它表达出来：高兴时就大笑，难过时就大哭……可不幸的是，我们往往很早就失去了表达情绪的自由。

如果幼儿不能自由表达情绪，那么他们要么把情绪封闭起来，埋下长大以后各种问题的种子，要么通过其他形式间接发泄出来。比如，有的幼儿会去抢其他幼儿的玩具，会暴怒；也有幼儿会攻击其他幼儿，或者对他人态度恶劣、尖刻。造成这些问题的原因很有可能是我们不理解这些幼儿，让他们把所有情绪都闷在心底，没有正常发泄的渠道。压抑情绪并不是正确处理不良情绪的方式，只有合理表达和释放情绪，才能疏通障碍，健康前行。

二、活动概况

<table>
<tr><td>活动名称</td><td colspan="2">魔毯放气球</td><td>针对问题</td><td colspan="2">无法识别、
不合理表达幼儿情绪</td></tr>
<tr><td>相关维度</td><td colspan="2">情绪</td><td>核心关键</td><td colspan="2">识别与处理情绪</td></tr>
<tr><td>活动代码</td><td>JI05C</td><td>授课对象</td><td>小班（上）</td><td>课时安排</td><td>10～15 分钟</td></tr>
</table>

三、活动目标

1. 通过观看橘子猫情景剧，引导幼儿了解各种负面情绪。

2. 通过魔毯放气球活动，引导幼儿学会处理自己的负面情绪，使其得到充分释放，并强化正能量。

四、活动准备

<table>
<tr><th colspan="2">类型</th><th>内容</th><th>明细（名称、数量、要求）</th></tr>
<tr><td rowspan="6">硬件准备</td><td rowspan="3">教具</td><td>教师示范用</td><td>气球纸，彩笔，魔毯，橘子猫玩偶，互动屏</td></tr>
<tr><td>教师奖励用</td><td>橘子猫笑脸或大拇指贴纸（若干）</td></tr>
<tr><td>幼儿消耗用</td><td>气球纸，彩笔，魔毯</td></tr>
<tr><td rowspan="3">场地</td><td>活动室</td><td>本班活动室</td></tr>
<tr><td>桌椅摆放</td><td>半圆形围坐（或横排坐），确保每个幼儿都能看到教师，便于教师演示，幼儿绘画桌面应平整、整洁</td></tr>
<tr><td>其他</td><td>无</td></tr>
<tr><td colspan="2" rowspan="2">软件准备</td><td>幼儿相关能力</td><td>由教师根据本班情况自主填写</td></tr>
<tr><td>本活动重点关注幼儿</td><td>由教师根据本班情况自主填写</td></tr>
</table>

五、活动过程

热场（1～2 分钟）

方式——在多媒体课件带动下，进行 1 ～ 2 分钟律动。

目的——激发引导幼儿充分参与其中，破冰与放松。

主题导入（3～5 分钟）

方式——①互动屏情景剧导入，橘子猫遇到不开心的事很害怕，老师引导：说出来会好很多。②幼儿把不好的事或者不开心的情绪画在气球状的扫描底板上（选气球纸，画颜色）。

目的——利用情境帮助幼儿了解各种负面情绪。

用具——橘子猫玩偶，气球纸，彩笔。

主题活动（3～5 分钟）

方式——①教师将气球纸上的绘画作品扫描至互动屏，幼儿用炮弹打击，气球爆炸。②气球飘走，寓意负面情绪消失。③幼儿将气球纸团成团，吹气，放到魔毯里，一起念咒语抖动放飞。

目的——准确解释行为含义，引导幼儿合理释放情绪。

用具——气球纸，彩笔，魔毯。

分享与总结（1～2 分钟）

方式——感受分享。

目的——引导幼儿充分表达活动过程中的各种感受。

律动结束（1 分钟）

方式——感恩律动。

目的——运用感恩升华主题。

欢乐结尾，创造期待。

六、注意事项

活动重点

教师引导幼儿在绘画过程中感受自己的情绪，并将其用语言表达出来。

“炮弹击发”和“魔毯放飞”都有特殊的心理学赋意，教师要准确地将信息传达出来，引导幼儿体会其中的含义，掌握类似方法并将其运用到日常生活中。

活动难点

教师鼓励幼儿描述自己的作品，通过作品了解幼儿的状态，协助其表达感受。

活动延伸

教师鼓励幼儿回到家后向家长描述当天活动的感受，家长应拥抱孩子。

其他建议

家长和教师在日常生活中均应鼓励幼儿合理表达情绪，尤其是学会合理表达负面情绪。

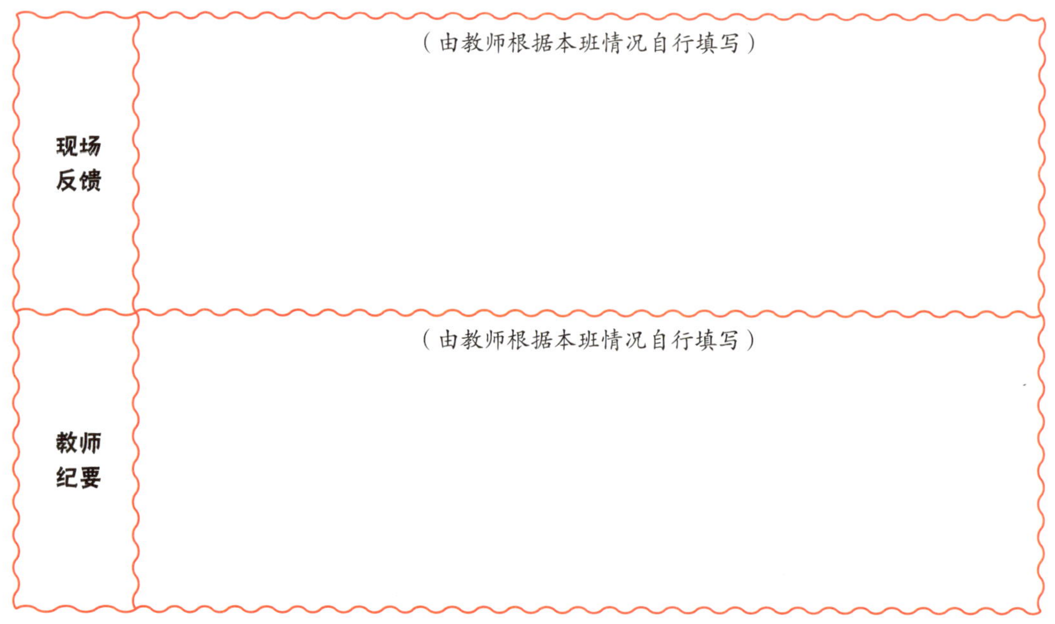

现场反馈	（由教师根据本班情况自行填写）
教师纪要	（由教师根据本班情况自行填写）

自我认知，了解自己

——我带我的 ×× 来上学

涉及领域

健康	语言	社会	科学	艺术
🦉	🦉	🦉		

游戏指标

趣味性 ★★★

互动性 ★★★

知识性 ★★★

操作性 ★★★★

一、活动背景

每个幼儿都会对外界事物充满好奇、充满兴趣，对自己的身体部位也不例外。随着幼儿一天天长大，自我意识[①]萌生，他们越来越多地关注自己的身体部位，如婴儿时期开始吮自己的手指，搬了小脚往嘴里

注释：

①自我意识是个体对自己的身心状态以及自己与客观世界的关系的意识，包括自我认知、自我体验和自我监控三种成分。

——杨治良、郝兴昌:《心理学辞典》，上海，上海辞书出版社，2016。

塞，有时候还会扯自己的耳朵玩，憨态可掬。年龄的增长也会使幼儿更好地运用自己的身体去完成更复杂、更精细的动作，那么，作为教师，我们是不是就只看着幼儿自己玩呢？当然不是，我们应趁着这个时候，教幼儿认识自己的身体部位。这对于他们是良好自我认知[1]的第一步。

注释：

① 自我认知是自我意识的认知成分，包括自我感觉、自我概念、自我观察、自我分析和自我评价等，是自我意识最重要的部分。

——杨治良、郝兴昌：《心理学辞典》，上海，上海辞书出版社，2016。

二、活动概况

活动名称	我带我的 ×× 来上学		针对问题	身体认知薄弱	
相关维度	自我		核心关键	认识身体部位	
活动代码	JI06B	授课对象	小班（上）	课时安排	10 ～ 15 分钟

三、活动目标

1. 帮助幼儿认识自己的身体部位及其表达。
2. 引导幼儿学会识别身体部位的准确位置。

四、活动准备

类型		内容	明细（名称、数量、要求）
硬件准备	教具	教师示范用	身体部位拼图，贴纸，律动歌谣，互动屏，情景展示图
		教师奖励用	橘子猫笑脸或大拇指贴纸（若干）
		幼儿消耗用	身体部位拼图，贴纸
	场地	活动室	本班活动室
		桌椅摆放	半圆形围坐（或横排坐），确保每个幼儿都能看到教师和互动屏，便于教师演示
		其他	无
软件准备		幼儿相关能力	由教师根据本班情况自主填写
		本活动重点关注幼儿	由教师根据本班情况自主填写

五、活动过程

热场（1～2 分钟）

方式——在多媒体课件带动下，进行 1 ～ 2 分钟律动。

目的——激发引导幼儿充分参与其中，破冰与放松。

主题导入（3～5 分钟）

方式——教师演示身体部位拼图。

目的——了解身体部位的名称。

用具——互动屏。

主题活动（3～5 分钟）

方式——按歌谣的歌词提示进行“身体碰碰碰”游戏，幼儿按要求给身体部位贴贴纸，可以由幼儿指定身体部位。

目的——认识身体部位的准确位置并运用。

用具——身体部位拼图，贴纸，互动屏，情景展示图，律动歌谣。

分享与总结（1～2 分钟）

方式——感受分享。

目的——引导幼儿表达出自己今天学到了什么，强化认知。

律动结束（1 分钟）

方式——感恩律动。

目的——运用感恩升华主题。

欢乐结尾，创造期待。

六、注意事项

活动重点

幼儿学会身体部位的名称。

幼儿熟悉身体部位的准确位置。

幼儿学习运动不同的身体部位完成指令动作。

活动难点

对自我概念模糊的幼儿，教师给予耐心和关注。

活动延伸

幼儿回到家后与家庭成员分享当天学到的知识，可与家长玩“身体碰碰碰”的游戏，加强记忆。

其他建议

关于身体的科普书籍越来越多，家长可以结合这些材料丰富孩子的认识。比如，幼儿听到一个故事叫《睡觉的秘密》，可能会问：“睡觉还有什么秘密呀？”然后家长就带孩子一起了解故事中动物的有趣的睡觉习性，如斑马是站着睡觉的，小鱼是睁着眼睛睡觉的。

“为什么小鱼会睁着眼睛睡觉？”“因为小鱼没有眼皮。”因为对睫毛、眉毛、眼皮等概念都很清楚，幼儿很快就知道了这个故事的意义。为什么玩水时间长了手的皮肤会起皱？这种问题家长一般不知道怎么回答，但可以带孩子观察这种现象，带孩子了解原来是因为手上有一层角质层，玩水会让角质层充满水而涨起来，所以会起皱。

如果家长经常自觉地带孩子认识自己身体的部位及其变化，就会自然而然地过渡到科普教育，这对于培养孩子的思维能力具有非常大的价值。

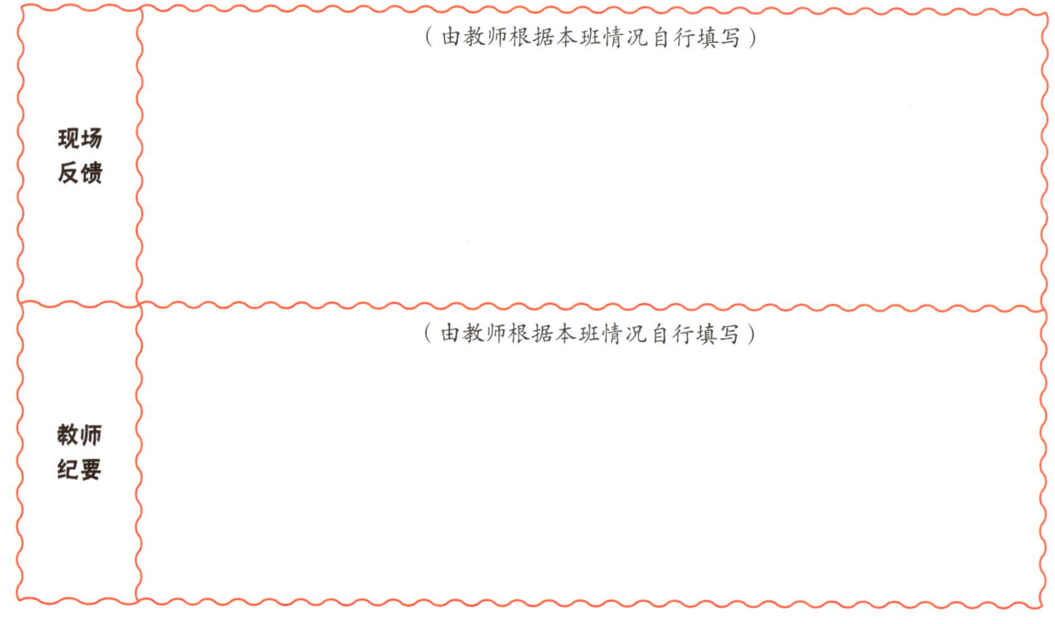

现场反馈	（由教师根据本班情况自行填写）
教师纪要	（由教师根据本班情况自行填写）

人际交往

勇于打破常规，克服害羞胆小

——涂鸦墙自由画

涉及领域

健康	语言	社会	科学	艺术
		🦉		🦉

游戏指标

趣味性 ★★★★

互动性 ★★★

知识性 ★★

操作性 ★★★

一、活动背景

涂鸦是一种艺术，幼儿涂鸦是兴趣的体现，儿童的涂鸦内容也反映了他们的内心世界，极具创造性。但在成人的世界里，基于对整洁的需要，很多时候成人不允许幼儿胡乱涂鸦，或对涂鸦作品有较高的审美要求，久而久之，幼儿丧失了表达真实自我的机会，变得害羞胆小、缺乏自信、不善表达。本活动创造一个机会，允许幼儿在常规不允许的地方涂鸦，帮助其打破自身限制，发泄情绪，表达对外界的见解，激发创造力。

二、活动概况

活动名称	涂鸦墙自由画		针对问题	害羞胆小	
相关维度	人际交往		核心关键	允许幼儿自由创作	
活动代码	JI07D	授课对象	小班（上）	课时安排	10～15 分钟

三、活动目标

1. 开辟常规不被允许涂鸦的场地，允许幼儿涂鸦，帮助幼儿打破内在限制。
2. 鼓励幼儿表达、分享自己的创作，帮助其建立自信，强化自我认知。

四、活动准备

类型		内容	明细（名称、数量、要求）
硬件准备	教具	教师示范用	黑板纸或大画纸，彩笔，板擦
		教师奖励用	橘子猫笑脸或大拇指贴纸（若干）
		幼儿消耗用	黑板纸或大画纸卷轴，配套画笔或板擦
	场地	活动室	户外特定区域
		桌椅摆放	不需要桌椅
		其他	无
软件准备		幼儿相关能力	由教师根据本班情况自主填写
		本活动重点关注幼儿	由教师根据本班情况自主填写

五、活动过程

热场（1～2 分钟）

方式——在多媒体课件带动下，进行 1 ～ 2 分钟律动。

目的——激发引导幼儿充分参与其中，破冰与放松。

主题导入（3～5 分钟）

方式——规则介绍。

目的——了解涂鸦墙的使用、创作内容的不受限和时间的约定。

用具——无。

主题活动（3～5分钟）

方式——教师开辟户外常规不允许绘画的区域，铺设涂鸦黑板纸，引导幼儿自由绘画，突破常规限制。

目的——释放幼儿天马行空的想象力。

用具——黑板纸或大画纸，彩笔，板擦。

分享与总结（1～2分钟）

方式——感受分享。

目的——引导幼儿充分表达自己的作品是什么以及各种感受。

律动结束（1分钟）

方式——感恩律动。

目的——运用感恩升华主题。

欢乐结尾，创造期待。

六、注意事项

活动重点

教师引导幼儿自由发挥，充分表达。

教师对幼儿作品不做审美要求，不用“像不像”“好不好看”作为评判的标准。

活动难点

教师鼓励幼儿描述自己的作品，通过作品了解幼儿的状态，协助其表达感受。

教师帮助幼儿打破规则的制约，提升勇气。

活动延伸

画作保留一段时间后再覆盖，延长本次活动的行为效应。

教师在家长接幼儿时向其展示幼儿作品，鼓励幼儿向家长介绍自己的作品，分享感受。

其他建议

教师帮助幼儿建立对别人的信任。

教师鼓励幼儿多与人交往。

教师鼓励幼儿自信表达。

教师不过多评判幼儿，尤其避免负面的评价，不扣帽子。

现场反馈	（由教师根据本班情况自行填写）
教师纪要	（由教师根据本班情况自行填写）

安全感

强化成功体验，缓解入睡困难

——美梦橘子猫

涉及领域

健康	语言	社会	科学	艺术
🦉	🦉	🦉		

游戏指标

趣味性 ★★★

互动性 ★★★★

知识性 ★★★

操作性 ★★★★

一、活动背景

幼儿从家庭走进幼儿园，他们依恋的父母及亲人、熟悉的家庭环境和以自我为中心的生活习惯一下子与之前变得不太一样了，取而代之的是陌生的老师、陌生的小朋友、陌生的幼儿园环境和陌生的集体生活。这种巨大的变化使有些幼儿产生了被抛弃的恐惧感，感到不安、不愉快，产生分离焦虑。分离焦虑最突出的行为反映在生活适应上，如午睡困难、进食困难及排便困难等。本活动通过强化幼儿入睡的成功体验，帮助幼儿建立“我也可以睡得很香”的意识，增强信心，消除入睡障碍。

二、活动概况

<table>
<tr><td>活动名称</td><td colspan="2">美梦橘子猫</td><td>针对问题</td><td colspan="2">入睡困难</td></tr>
<tr><td>相关维度</td><td colspan="2">安全感</td><td>核心关键</td><td colspan="2">强化成功体验</td></tr>
<tr><td>活动代码</td><td>JI08A</td><td>授课对象</td><td>小班（上）</td><td>课时安排</td><td>10～15 分钟</td></tr>
</table>

三、活动目标

1. 强化幼儿“我也可以睡得很香”的积极正向认知。

2. 引导幼儿学习放松睡姿、呼吸技巧等助眠的方式方法。

3. 缓解幼儿因入睡困难带来的焦虑与困扰，强化成功体验，在帮助小兔子的过程中提升内在力量。

四、活动准备

<table>
<tr><th colspan="2">类型</th><th>内容</th><th>明细（名称、数量、要求）</th></tr>
<tr><td rowspan="6">硬件准备</td><td rowspan="3">教具</td><td>教师示范用</td><td>本班午睡大合照，幼儿午睡时的放松睡姿的网络图片，放松音乐，毛巾兔子</td></tr>
<tr><td>教师奖励用</td><td>橘子猫笑脸或大拇指贴纸（若干）</td></tr>
<tr><td>幼儿消耗用</td><td>毛巾兔子</td></tr>
<tr><td rowspan="3">场地</td><td>活动室</td><td>本班活动室</td></tr>
<tr><td>桌椅摆放</td><td>不需要桌椅，铺设地垫，面积足够所有幼儿平躺</td></tr>
<tr><td>其他</td><td>无</td></tr>
<tr><td colspan="2" rowspan="2">软件准备</td><td>幼儿相关能力</td><td>由教师根据本班情况自主填写</td></tr>
<tr><td>本活动重点关注幼儿</td><td>由教师根据本班情况自主填写</td></tr>
</table>

五、活动过程

热场（1～2 分钟）

方式——在多媒体课件带动下，进行 1～2 分钟律动。

目的——激发引导幼儿充分参与其中，破冰与放松。

主题导入（3～5分钟）

方式——①教师提前收集幼儿熟睡照片，如班级午睡大合照，分享到互动屏，请幼儿从中识别出自己，看看自己睡着时的样子，传达“你也可以睡得很香”的观念。②教师请幼儿自述，了解他们喜好的睡姿，同时也分享一些幼儿睡得很香的网络图片，明确放松时会很容易入睡。

目的——将“我也可以睡得很香”的观念传递给幼儿，强化潜意识对自我的正向解读，强化积极认知，学习放松睡姿。

用具——本班午睡大合照，幼儿午睡时的放松睡姿的网络图片。

主题活动（3～5分钟）

方式——幼儿放松平躺，关注呼吸，用肚皮当摇篮帮助小兔子（幼儿在之前的活动中自己制作的手工毛巾兔子）入睡，教师放音乐，说悄悄话。

目的——强化幼儿的内在力量，学会腹式呼吸。

用具——毛巾兔子，放松音乐。

分享与总结（1～2分钟）

方式——感受分享。

目的——引导幼儿释放因入睡困难而产生的担心和焦虑，强化成功体验背后的成就感与喜悦感。

律动结束（1分钟）

方式——感恩律动。

目的——运用感恩升华主题。

六、注意事项

活动重点

幼儿形成“我也可以睡得很香”的积极认知，学会放松睡姿、腹式呼吸。

活动难点

在放松睡姿与腹式呼吸环节，幼儿引导幼儿积极体验，掌握技巧方法。

活动延伸

教师请幼儿充当小老师，回家向家长讲解放松睡姿和腹式呼吸是怎样的。

家长夸赞孩子学到了新本领，晚上睡觉时引导孩子实践这些方法，强化体验和成功的经验。

其他建议

教师帮幼儿解决睡前准备工作的困难，提醒或帮助幼儿睡前小便，解决脱衣、铺被等困难。

教师用愉快的情绪来感染幼儿，放优美、平和的音乐，用舒缓的旋律来感染幼儿，潜移默化中稳定幼儿的情绪。

教师满足幼儿的需要。幼儿渴望成人的搂抱，即使长大了，也喜欢靠着成人。幼儿午睡时教师可扮演幼儿家长的角色，轻轻拍着爱哭的幼儿入睡，使他们深深地感到老师喜欢我、老师和妈妈一样好，从而信任、喜欢和亲近老师，产生愉快的情感，停止哭闹。

教师用移情的方法来消除幼儿午睡的焦虑，请毛巾妈妈和毛巾兔子陪伴幼儿入睡。

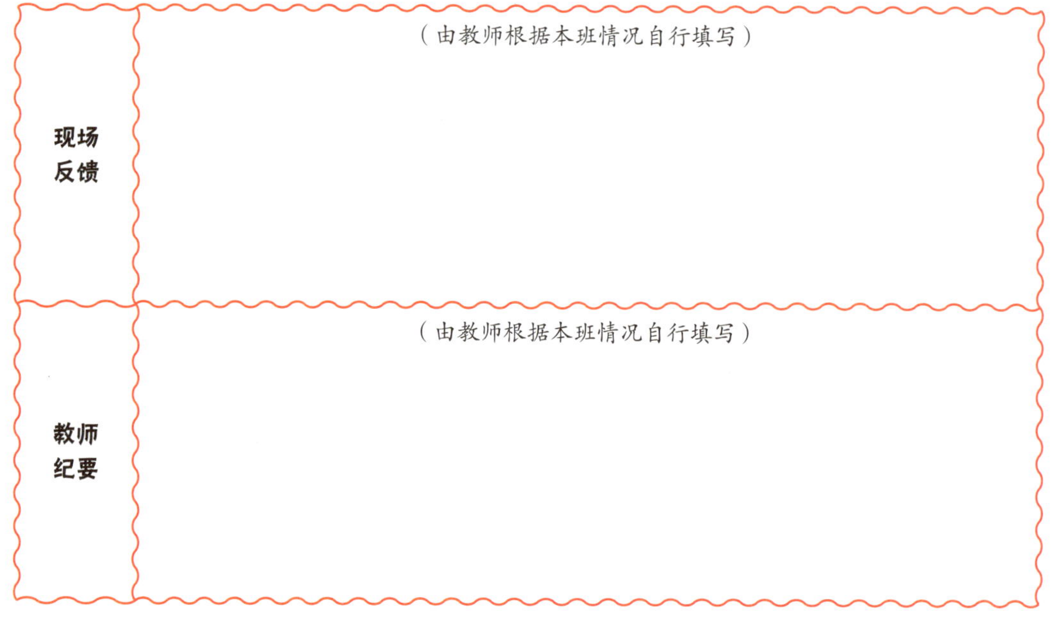

现场反馈	（由教师根据本班情况自行填写）
教师纪要	（由教师根据本班情况自行填写）

情　绪

情绪识别与情绪表达

——我的感觉我知道

涉及领域

健康	语言	社会	科学	艺术

游戏指标

趣味性 ★★★

互动性 ★★★★

知识性 ★★★

操作性 ★★★

一、活动背景

肢体语言又称身体语言，指由身体的各种动作代替语言以达到表情达意的沟通目的。广义上的肢体语言包括面部表情，狭义上的肢体语言只包括躯干与四肢所表达的意义。谈到由肢体表达情绪时，我们自然会想到很多惯用动作的含义，如鼓掌表示兴奋，顿足表示生气，搓手表示焦虑，垂头表示沮丧，摊手表示无奈，捶胸表示痛苦。当事人以肢体活动表达情绪，他人可通过肢体语言辨识出当事人的心境。刚入园的小班幼儿的情绪具有波动性和易表露的特点，常常伴随着相应的肢体动作，如何正确识别情绪以及合理地使用肢体语言，成为幼儿、家长及教师的一个重要课题。

二、活动概况

活动名称	我的感觉我知道		针对问题	幼儿无法识别情绪，采用不合理的肢体表达	
相关维度	情绪		核心关键	学会情绪识别与正确的肢体表达	
活动代码	JI09C	授课对象	小班（上）	课时安排	10 ～ 15 分钟

三、活动目标

1. 通过观看橘子猫情景剧，使幼儿进入主题状态，对自身情绪有所觉察。

2. 帮助幼儿实现对自身肢体表达的探索，引导幼儿运用肢体合理表达情绪，同时反向觉察：当我有这样的肢体动作时，我的情绪是……

四、活动准备

类型		内容	明细（名称、数量、要求）
硬件准备	教具	教师示范用	橘子猫玩偶，情境卡
		教师奖励用	橘子猫笑脸或大拇指贴纸（若干）
		幼儿消耗用	音乐，橘子猫玩偶，抽签题卡，律动音乐
	场地	活动室	本班活动室
		桌椅摆放	半圆形围坐（或横排坐），确保每个幼儿能看到教师，便于教师演示及幼儿绘画
		其他	无
软件准备		幼儿相关能力	由教师根据本班情况自主填写
		本活动重点关注幼儿	由教师根据本班情况自主填写

五、活动过程

热场（1 ～ 2 分钟）

方式——在多媒体课件带动下，进行 1 ～ 2 分钟律动。

目的——激发引导幼儿充分参与其中，破冰与放松。

主题导入（3～5 分钟）

方式——橘子猫带入情境。

目的——主题引导。

用具——橘子猫玩偶，情境卡。

主题活动（3～5 分钟）

方式——①幼儿听音乐传递橘子猫玩偶，橘子猫有几种表情（快乐、生气、伤心、害怕），音乐开始播放时即开始传递橘子猫玩偶，音乐停止时，拿到玩偶的幼儿抽签回答肢体或表情所表达的不同感觉。②教师放律动歌谣（开心我会扬嘴角，生气我会竖眉毛；高兴我就拍拍手，生气我就跺跺脚），集体随歌谣律动。

目的——鼓励幼儿自由表达，适度引导，将表达引导到合理范围内，如：如果生气，可以跺跺脚，可以噘噘嘴，但不可以摔东西、打人。

用具——音乐，橘子猫玩偶，抽签题卡，律动音乐。

分享与总结（1～2 分钟）

方式——感受分享。

目的——引导幼儿充分表达活动过程中的各种感受。

律动结束（1 分钟）

方式——感恩律动。

目的——运用感恩升华主题。

欢乐结尾，创造期待。

六、注意事项

活动重点

幼儿对肢体动作的觉察与表达。

活动难点

教师需把握、平衡幼儿肢体的自由表达与适度引导，既鼓励幼儿自由表达，也避免其出现伤人或自伤行为。教师将幼儿的表达约束在合理范围内，过度的表达同样也是不被鼓励的。

活动延伸

教师鼓励幼儿回到家后，向家长描述当天活动的感受。家长应给予孩子拥抱。

其他建议

教师开展幼儿情绪识别主题活动，提升幼儿的情绪认知。

教师创设幼儿情绪识别的环境，丰富幼儿的情绪情感体验，例如阅读、角色游戏、心情记录卡等。

在日常生活中培养幼儿的情绪识别能力，让教育无处不在。

现场反馈	（由教师根据本班情况自行填写）
教师纪要	（由教师根据本班情况自行填写）

自　我

改善表述不清，练习介绍自己

——说说我是谁

涉及领域

健康	语言	社会	科学	艺术
🦉	🦉	🦉		

游戏指标

趣味性 ★★★

互动性 ★★★★

知识性 ★★★

操作性 ★★★★

一、活动背景

自我介绍是使陌生的两个人迅速建立联系的一种方式。这看起来简单，实际上是语言能力和社会认知能力发展非常重要的部分。在语言能力方面，幼儿需要将零散的信息组织起来，用简洁的语言以各种方式表达出自己的特点。这需要一定的技巧，当幼儿掌握了这个技巧后，他的语言表达能力就会提高。同时，通过学习与他人交往和自我表达，幼儿社会认知能力的发展也得到了促进。刚刚进入幼儿园的幼儿对自我的认知比较有限，词汇量也有限，这时只让他们学会描述一些关于自己的简单信息就可以了。

二、活动概况

<table>
<tr><td>活动名称</td><td colspan="2">说说我是谁</td><td>针对问题</td><td colspan="2">自我表述不清</td></tr>
<tr><td>相关维度</td><td colspan="2">自我</td><td>核心关键</td><td colspan="2">自我介绍</td></tr>
<tr><td>活动代码</td><td>JI10B</td><td>授课对象</td><td>小班（上）</td><td>课时安排</td><td>10 ～ 15 分钟</td></tr>
</table>

三、活动目标

1. 帮助幼儿学会简单的自我介绍，提升表达能力。
2. 引导幼儿在表达过程中建立人际交往的自信，收获成就感。
3. 增进幼儿彼此间的认识与了解。

四、活动准备

<table>
<tr><th colspan="2">类型</th><th>内容</th><th>明细（名称、数量、要求）</th></tr>
<tr><td rowspan="6">硬件准备</td><td rowspan="3">教具</td><td>教师示范用</td><td>互动屏，情境展示图</td></tr>
<tr><td>教师奖励用</td><td>纸杯电话</td></tr>
<tr><td>幼儿消耗用</td><td>装饰物，彩笔等</td></tr>
<tr><td rowspan="3">场地</td><td>活动室</td><td>本班活动室</td></tr>
<tr><td>桌椅摆放</td><td>圆形围坐，留出两人位作为大门口，两个幼儿站立着扮演大门</td></tr>
<tr><td>其他</td><td>无</td></tr>
<tr><td colspan="2" rowspan="2">软件准备</td><td>幼儿相关能力</td><td>由教师根据本班情况自主填写</td></tr>
<tr><td>本活动重点关注幼儿</td><td>由教师根据本班情况自主填写</td></tr>
</table>

五、活动过程

热场（1～2 分钟）

方式——在多媒体课件带动下，进行 1 ～ 2 分钟律动。

目的——激发引导幼儿充分参与其中，破冰与放松。

主题导入（3～5分钟）

方式——橘子猫带入情境。

目的——橘子猫描述情境及游戏规则。

用具——互动屏。

主题活动（3～5分钟）

方式——①橘子猫敲门，示范自我介绍："我是橘子猫哥哥，我是男生，我3岁。"听的幼儿要重复："它是橘子猫哥哥，它3岁，它是男生。"②幼儿按示范完成自我介绍，门口的老师或幼儿要对其拥抱，用肢体表示欢迎和鼓励，教师也可以给幼儿发放纸杯电话作为奖品。③幼儿装饰纸杯电话（用自画像或动物贴纸），互相打电话："喂，你好，我是……"回家邀请家长打电话。

目的——准确传达姓名、性别、年龄三项个人基本信息。

用具——纸杯电话，互动屏，情境展示图，装饰物，彩笔。

分享与总结（1～2分钟）

方式——感受分享。

目的——引导幼儿用学到的最基本的三项信息进行自我介绍，强化认知。

律动结束（1分钟）

方式——感恩律动。

目的——运用感恩升华主题。

欢乐结尾，创造期待。

六、注意事项

活动重点

教师明确自我介绍最基本的三项信息，鼓励幼儿大胆表述。

活动难点

教师对胆小害羞的幼儿给予耐心和关注。

活动延伸

幼儿回到家后与家庭成员练习纸杯电话游戏。

其他建议

幼儿首先表述姓名、性别、年龄这三项基本信息，再说出自己的喜好，辅以长相、属相、特长等信息。

成人配合练习，不可追求完美和求全责备，否则会削减幼儿的练习热情和成长动力。

现场反馈	（由教师根据本班情况自行填写）
教师纪要	（由教师根据本班情况自行填写）

安全感

增强生活适应性，提升能力和成功体验

——我们一起吃饭吧

涉及领域

健康	语言	社会	科学	艺术
√	√	√		

游戏指标

趣味性 ★★★★

互动性 ★★★

知识性 ★★★

操作性 ★★★★★

一、活动背景

除对幼儿入园前的哭闹、入园后与其他幼儿的相处的担忧外，家长和老师比较担忧的还有幼儿的进食问题。对幼儿来说，从家庭走进幼儿园，熟悉的人、环境和原来的生活习惯一下子变了，取而代之的是陌生的人、环境和集体生活，这可能使他们有一种被抛弃的恐惧感，心理失去平衡。幼儿会产生焦急、不安、不愉快的消极情绪，产生分离焦虑。分离焦虑最突出的行为体现在生活适应上，如午睡困难、进食困难、排便困难等。本活动通过引导幼儿教橘子猫怎么使用勺子，增加幼儿在饮食上的积极体验，帮助幼儿提升进食能力，消除厌食的情绪和行为，且增强对生活适应问题的正面认知。同时，老师和家长正向的引导与鼓励还可以增强幼儿对不良情绪的处理能力。

二、活动概况

<table>
<tr><td>活动名称</td><td colspan="2">我们一起吃饭吧</td><td>针对问题</td><td colspan="2">进食困难</td></tr>
<tr><td>相关维度</td><td colspan="2">安全感</td><td>核心关键</td><td colspan="2">提升能力和成功体验</td></tr>
<tr><td>活动代码</td><td>JI11A</td><td>授课对象</td><td>小班（上）</td><td>课时安排</td><td>10 ～ 15 分钟</td></tr>
</table>

三、活动目标

1. 强化幼儿对食物的积极正向认知。
2. 学习勺子的正确使用方法，提升进食能力。
3. 缓解幼儿因在园吃饭而产生的焦虑与困扰，提升成功体验。

四、活动准备

<table>
<tr><th colspan="2">类型</th><th>内容</th><th>明细（名称、数量、要求）</th></tr>
<tr><td rowspan="6">硬件准备</td><td rowspan="3">教具</td><td>教师示范用</td><td>情景剧图片</td></tr>
<tr><td>教师奖励用</td><td>橘子猫笑脸或大拇指贴纸（若干）</td></tr>
<tr><td>幼儿消耗用</td><td>碗，勺子，食物模型</td></tr>
<tr><td rowspan="3">场地</td><td>活动室</td><td>本班活动室</td></tr>
<tr><td>桌椅摆放</td><td>半圆形围坐（或横排坐），确保每个幼儿能看到教师，便于教师演示</td></tr>
<tr><td>其他</td><td>桌面平整利于摆放教具</td></tr>
<tr><td colspan="2" rowspan="2">软件准备</td><td>幼儿相关能力</td><td>由教师根据本班情况自主填写</td></tr>
<tr><td>本活动重点关注幼儿</td><td>由教师根据本班情况自主填写</td></tr>
</table>

五、活动过程

热场（1～2分钟）

方式——在多媒体课件带动下，进行1～2分钟律动。

目的——激发引导幼儿充分参与其中，破冰与放松。

主题导入（3～5分钟）

方式——橘子猫带入情境：小班橘子猫在吃午餐时不会用勺子，在老师的鼓励下尝试、努力并成功使用勺子。

目的——传递“幼儿园的食物是很好吃的，我可以学会使用勺子，帮助自己更好地进食”的观念，强化积极认知。

用具——情景剧图片。

主题活动（3～5分钟）

方式——教师引导幼儿用勺子将不同的食物模型放到碗里，唱歌谣：橘子猫，爱吃鱼；吃不到，真着急；我和你，勤练习；好好吃饭，我也可以！

目的——技能练习，创造成功体验。

用具——碗，勺子，食物模型。

分享与总结（1～2分钟）

方式——感受分享。

目的——强化正向认知。

律动结束（1分钟）

方式——感恩律动。

目的——运用感恩升华主题。

欢乐结尾，创造期待。

六、注意事项

活动重点

教师传递“幼儿园的食物是很好吃的，我可以学会使用勺子帮助自己更好地进食”的积极观念。

教师引导幼儿正确使用勺子并练习。

教师奖励幼儿的成功体验。

活动难点

教师在幼儿不成功时积极正向地引导与鼓励，处理幼儿因受挫而产生的不良情绪。

活动延伸

教师请幼儿充当小老师，回到家向家长讲解勺子的正确使用方法，并向家长展示自己独立用勺子吃完一顿饭。

其他建议

如果幼儿长期不好好吃饭，必然会导致营养不良，最常见的问题是维生素及矿物质的缺乏。

幼儿园和家庭的配菜应尽量多样化，符合幼儿口味，并增加感官刺激，提高幼儿的食欲。比如，可以把饭做成小动物的形状，增加幼儿对食物的兴趣。

教师和家长让幼儿参与食物制作过程，做饭菜之前可以先征求幼儿的意见再采购，做饭时请幼儿参与，一般来说幼儿对自己参与的活动都很感兴趣，这正好迎合了其控制欲。从心理学角度来说，人们都喜欢自己能够控制的事物，幼儿也是如此。

教师尽量活跃饭桌气氛，维持吃饭时的良好情绪。

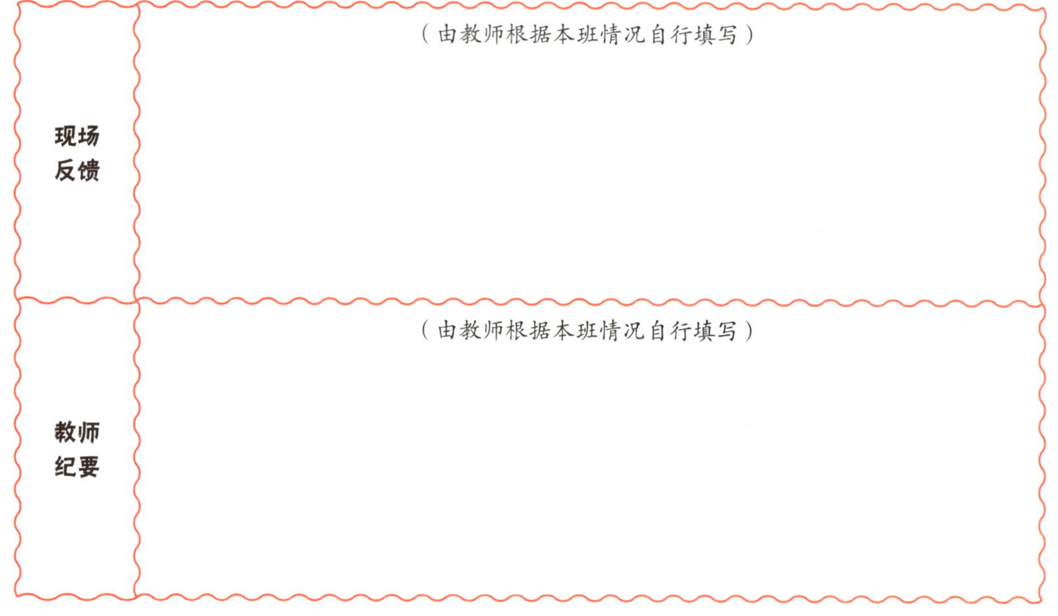

现场反馈	（由教师根据本班情况自行填写）
教师纪要	（由教师根据本班情况自行填写）

人际交往

练习基本社交技能，正确寻求关注

——请你听我说

涉及领域

健康	语言	社会	科学	艺术
	🦉	🦉		

游戏指标

趣味性 ★★★

互动性 ★★★★

知识性 ★★★

操作性 ★★★★

一、活动背景

幼儿寻求教师关注指他们通过语言或非语言的方式向某位或某几位教师寻求关注的行为。获得更多教师的关注是每个幼儿都有的正常心理发展需要。但在教学实践过程中，我们发现很多幼儿不能用恰当的方式表达自己的这种心理需求，如用大喊大叫吸引教师的注意。幼儿不恰当的心理表达可能让教师觉得其“顽皮”或者认为其是“问题”幼儿。

因此，作为幼儿教师，我们不但要科学看待幼儿寻求关注的表现方式，还要积极引导幼儿养成良好的习惯，促进身心的健康发展。

二、活动概况

活动名称	请你听我说		针对问题	消极表达寻求关注	
相关维度	人际交往		核心关键	正确表达寻求关注	
活动代码	JI12D	授课对象	小班（上）	课时安排	10 ～ 15 分钟

三、活动目标

1. 通过情景模拟剧展现幼儿园常见的寻求关注的情境，在不同社交情境中进行寻求关注演练，帮助幼儿学会基本表达方法：语言表达，拉近距离，肢体接触。

2. 帮助幼儿释放社交中因被关注的需求不能及时被满足而产生的焦虑，增强自信，强化积极表达，消除消极表达。

四、活动准备

类型		内容	明细（名称、数量、要求）
硬件准备	教具	教师示范用	场景演示挂图或互动屏，橘子猫玩偶
		教师奖励用	橘子猫笑脸或大拇指贴纸（若干）
		幼儿消耗用	无
	场地	活动室	本班活动室
		桌椅摆放	无需桌子，仅需每人一把椅子，幼儿围圈坐；或铺设地垫，幼儿围圈坐
		其他	无
软件准备		幼儿相关能力	由教师根据本班情况自主填写
		本活动重点关注幼儿	由教师根据本班情况自主填写

五、活动过程

热场（1～2 分钟）

方式——在多媒体课件带动下，进行 1 ～ 2 分钟律动。

目的——激发引导幼儿充分参与其中，破冰与放松。

主题导入（3～5分钟）

方式——教师演示。

目的——演示寻求关注的常规对话。

用具——场景演示挂图或互动屏，橘子猫玩偶。

主题活动（3～5分钟）

方式——①场景演练，教师设置幼儿园常见的寻求关注的情境，请幼儿判断对错：大声哭闹；言语发泄，骂人或说激烈、难听的话；攻击、捣乱或破坏。让幼儿判断这些求关注的方式对不对，如果不对，讨论有哪些正向积极的行为可以替换。②教师记录幼儿自主发挥的正向行为模式，并适当加以补充。③行为置换与强化，教师带领幼儿重新进入第一个步骤中的不同情境，邀请幼儿模拟演练，使用在第二个步骤中达成共识的那些应对方式，进行强化练习。

目的——激发幼儿自主思考，创造出新的解决问题的办法。

帮助幼儿通过实战练习强化、巩固新方法，着重在3个层面：通过合理有效的语言表达对关注的需求；通过拉近与教师或其他幼儿的身体距离表达内在需求；通过适当且必要的肢体接触，邀请别人关注自己。

用具——场景演示挂图或互动屏，橘子猫玩偶。

分享与总结（1～2分钟）

方式——感受分享。

目的——引导幼儿释放在关注需求没有被满足时的愤怒、担心、害怕或焦虑。

律动结束（1分钟）

方式——感恩律动。

目的——运用感恩升华主题。

欢乐结尾，创造期待。

六、注意事项

活动重点

幼儿释放对于自己没有被关注的焦虑，提升正确寻求关注等社交技能。

活动难点

幼儿在各种寻求关注场景下灵活运用“言语＋肢体”技能。

活动延伸

教师请幼儿回到家与家长练习，拓展到家庭中的寻求关注，强化技能，提升自信。

其他建议

情绪发泄：哭泣是幼儿的一种正常交流方式，幼儿常使用哭闹达到自己的目的；这种表达方式也是幼儿对自己日常生活的经验总结，很多幼儿通过这种方式从家长、教师那里得到了满足，所以他们会频繁使用这种方式来达成愿望；因此，应家校携手，减少幼儿用哭闹使其愿望得到满足的行为。

言语发泄：幼儿期是幼儿快速吸收外界事物信息的关键时期，语言的发展为他们更好地交流提供了媒介。然而，有时幼儿对语言的真实含义并不了解，只是对成人的反应进行模仿。正如幼儿教育专家孙瑞雪所说，成人的言语越强烈，越会促使幼儿运用这些言语以获取关注。因此，家长和教师要尽量避免在生活中使用过于强烈的言语对幼儿进行评判。

行为表现：为了获取教师更多的关注，幼儿也经常采用破坏教具、玩具或其他幼儿的物品的方式来满足自己的需求。如果教师的关注增加，他会更加频繁地使用这种方式。因此，家长和教师在面对这种情况时可尝试不予关注，自然而然地弱化不良行为。

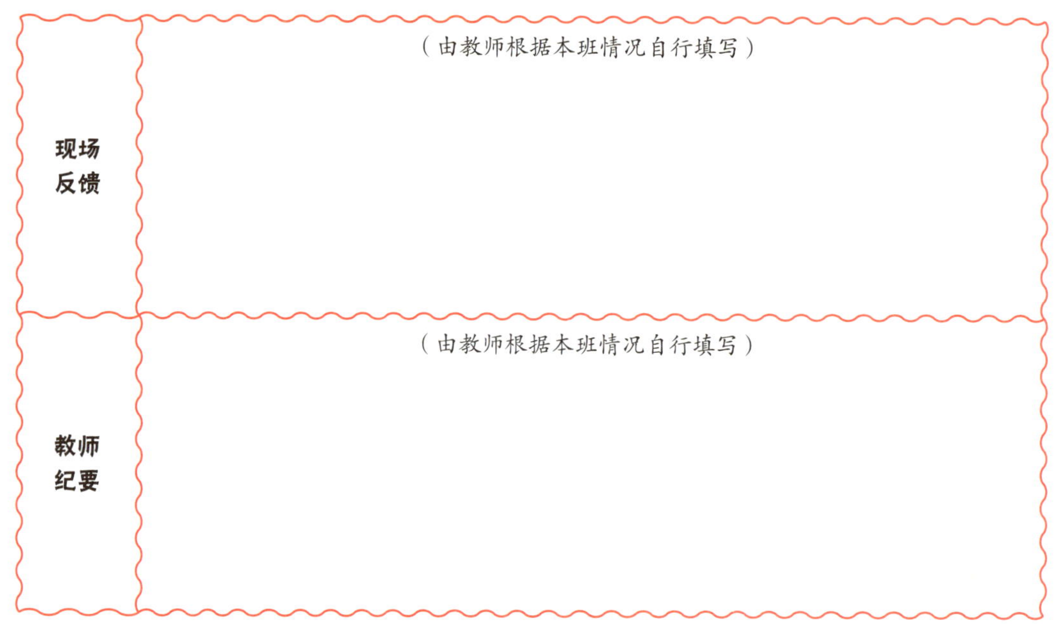

现场反馈	（由教师根据本班情况自行填写）
教师纪要	（由教师根据本班情况自行填写）

人际交往

表达自我，介绍自己

——橘子猫找朋友

涉及领域

健康	语言	社会	科学	艺术
🦉	🦉	🦉		

游戏指标

趣味性 ★★★

互动性 ★★★

知识性 ★★

操作性 ★★★

一、活动背景

社交焦虑是一种与人交往时的不舒服、不自然、紧张甚至恐惧的情绪体验。心理学研究发现，社交技能的基础是在婴儿期奠定的，婴儿与其主要抚养者之间的早期交流模式在其今后社交技能的发展中起了重要作用，这个阶段的负面经历可能使其在情感上与他人产生共鸣方面遇到问题，并很难理解社交信号。但幸运的是，人的大脑适应和回应新的刺激的能力很强，特别是在童年，我们仍然可以采取措施弥补之前造成的伤害。教师鼓励幼儿与他人交流，教授他们关键的沟通技能，可以极大地增强幼儿自我调节及与他人沟通交流的能力。而这一切都要从打招呼开始。

二、活动概况

活动名称	橘子猫找朋友		针对问题	社交焦虑	
相关维度	人际交往		核心关键	打招呼以建立关系	
活动代码	JI13D	授课对象	小班（上）	课时安排	10～15 分钟

三、活动目标

1. 通过对不同社交情境中打招呼的演练，帮助幼儿学会建立关系的最基本方法。
2. 随着对技能的熟悉，帮助幼儿释放社交焦虑，增强自信。

四、活动准备

类型		内容	明细（名称、数量、要求）
硬件准备	教具	教师示范用	场景演示挂图或互动屏，橘子猫玩偶
硬件准备	教具	教师奖励用	橘子猫笑脸或大拇指贴纸（若干）
硬件准备	教具	幼儿消耗用	无
硬件准备	场地	活动室	本班活动室
硬件准备	场地	桌椅摆放	无需桌子，仅需每人一把椅子，幼儿围圈坐；或铺地垫，幼儿围圈坐
硬件准备	场地	其他	无
软件准备		幼儿相关能力	由教师根据本班情况自主填写
软件准备		本活动重点关注幼儿	由教师根据本班情况自主填写

五、活动过程

热场（1～2 分钟）

方式——在多媒体课件带动下，进行 1～2 分钟律动。

目的——激发引导幼儿充分参与其中，破冰与放松。

主题导入（3～5分钟）

方式——教师示范。

目的——演示打招呼时的常规对话。

用具——场景演示挂图或互动屏，橘子猫玩偶。

主题活动（3～5分钟）

方式——①幼儿围圈坐，一名幼儿抱橘子猫玩偶去别人家做客（走到其他幼儿那里），接待的幼儿起立，说：“你好，欢迎，请坐，再见。”然后访客坐下，接待的幼儿带着橘子猫玩偶去拜访下一个幼儿，依次练习。②游戏过程中幼儿唱律动歌谣：橘子猫，朋友多，找伙伴，去做客。

目的——帮助幼儿练习有人来家里做客时打招呼的基本礼貌用语。

用具——场景演示挂图或互动屏，橘子猫玩偶。

分享与总结（1～2分钟）

方式——感受分享。

目的——引导幼儿释放社交中的担心、害怕或焦虑。

律动结束（1分钟）

方式——感恩律动。

目的——运用感恩升华主题。

欢乐结尾，创造期待。

六、注意事项

活动重点

幼儿释放社交焦虑，提升社交技能。

活动难点

幼儿灵活运用做客时打招呼的技能。

活动延伸

教师请幼儿回到家与家长练习，拓展各种情境中的打招呼，强化技能，提升自信。

其他建议

教师教导幼儿紧张时深呼吸。

教师和幼儿发挥创意，模拟各种社交情境，教会幼儿基本的社交技巧；也可加入服装、教具或玩偶以增加乐趣，提升幼儿的参与热情，降低焦虑感。

教师避免扣帽子，不过分批评幼儿与他人的互动情况。

教师在幼儿出现问题时正确引导。

幼儿园常是幼儿社交焦虑的压力源，家长允许幼儿在家中有一段时间退缩到一旁，自己安静独处。

家长多带幼儿参加户外活动，如跑一跑，这有利于减轻幼儿压力。

家长尊重自己的孩子，相信他有独特的成长路径，不强迫，不制造新压力。

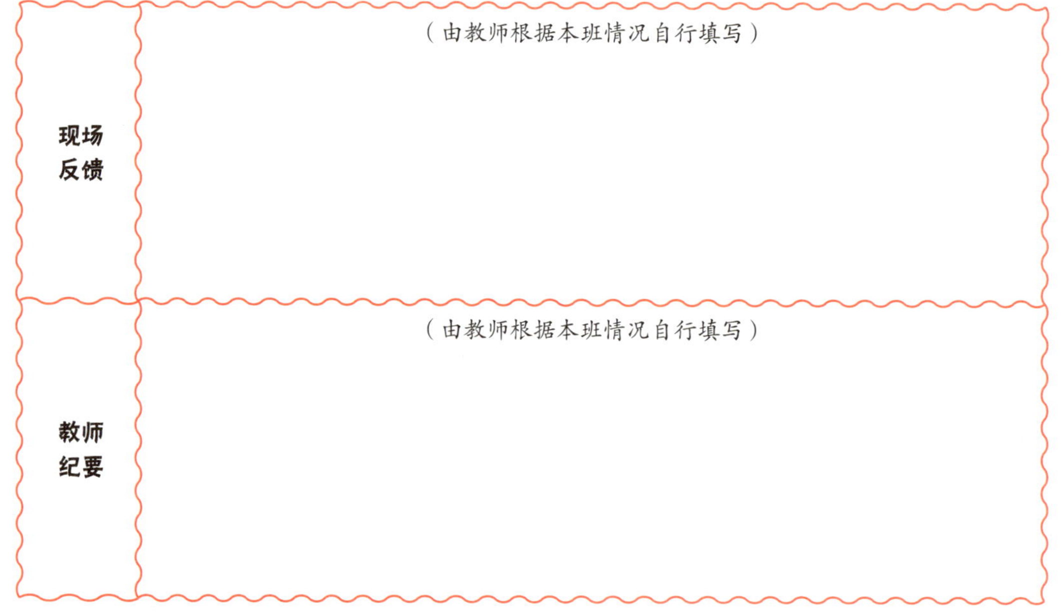

现场反馈	（由教师根据本班情况自行填写）
教师纪要	（由教师根据本班情况自行填写）

安全感

去羞耻化，缓解如厕焦虑

——大家都要拉“臭臭”

涉及领域

健康	语言	社会	科学	艺术

游戏指标

趣味性 ★★★★

互动性 ★★

知识性 ★★

操作性 ★★★★

一、活动背景

初入幼儿园，面对陌生的环境、陌生的人，幼儿难免不适应，生活起居都会受到影响，生物钟也会随之有所变化。对幼儿来说，大小便是涉及身体及隐私的事情，同时又是“臭臭”的、让人有不洁感的事情，容易让幼儿产生羞耻感，让幼儿在园大小便成为一个难题。很多幼儿宁愿憋着也要回家大小便，这会导致新陈代谢不规律而引发疾病；也会有幼儿因憋不住，出现便在裤子里或床上等状况，给教师增加了很多工作量。如何缓解幼儿的如厕焦虑？除了进行必要的生活教育，培养幼儿相关的良好习惯外，在心理建设方面，最重要的是让幼儿了解如厕跟吃饭、喝水、睡觉一样是正常的需要，不必有羞耻感，即能够接受如厕需求；让幼儿克服害羞等各种心理，勇于明确说出自己的正常需求，即能够表达如厕需求。

二、活动概况

活动名称	大家都要拉“臭臭”		针对问题	不敢上厕所	
相关维度	安全感		核心关键	形成好习惯，去羞耻化	
活动代码	JI14A	授课对象	小班（上）	课时安排	10 ～ 15 分钟

三、活动目标

1. 通过共情及参与快乐互动，使幼儿正视、接受排泄行为，缓解幼儿的如厕紧张情绪，帮幼儿逐步适应新环境。

2. 引导幼儿初步了解排泄是正常的生理需要，形成良好的排便习惯。

四、活动准备

类型		内容	明细（名称、数量、要求）
硬件准备	教具	教师示范用	情景剧图片，橘子猫玩偶，互动屏
		教师奖励用	橘子猫笑脸或大拇指贴纸（若干）
		幼儿消耗用	情景卡片
	场地	活动室	本班活动室
		桌椅摆放	半圆形围坐（或横排坐），确保每个幼儿都能看到教师，便于教师演示
		其他	无
软件准备		幼儿相关能力	由教师根据本班情况自主填写
		本活动重点关注幼儿	由教师根据本班情况自主填写

五、活动过程

热场（1～2分钟）

方式——在多媒体课件带动下，进行1～2分钟律动。

目的——激发引导幼儿充分参与其中，破冰与放松。

主题导入（3～5分钟）

方式——橘子猫带入情境。

目的——引导幼儿进入排便主题。

用具——情景剧图片，橘子猫玩偶。

主题活动（3～5分钟）

方式——互动屏展示各种生活场景：相关人物（亲人、宠物、老师、伙伴、橘子猫）上厕所的场景（这是爸爸的……，爸爸在哪里？爸爸在上厕所。这是妈妈的……，妈妈在哪里？妈妈在上厕所）。

目的——人物共情。

用具——情景卡片，互动屏。

分享与总结（1～2分钟）

方式——感受分享。

目的——强化对排便行为的正向认知和情绪反应，接纳排便行为。

律动结束（1分钟）

方式——感恩律动。

目的——运用感恩升华主题。

欢乐结尾，创造期待。

六、注意事项

活动重点

教师引导幼儿正视自然，缓解焦虑，重点在接受排便需求与行为。

通过了解不同人物、不同动物的排便行为，教师让幼儿了解这是正常行为并接受。

通过听、讲述、触摸等不同感受，幼儿更易正视排便行为。

活动难点

教师鼓励比较内向害羞的幼儿主动参与及表达。

活动延伸

教师可以请幼儿回到家后分享当天的主题内容，家长一定要拥抱幼儿。

其他建议

教师营造好的厕所文化环境，如在地上画上脚印，吸引幼儿注意且找到正确的位置；在墙上贴上小蚂蚁排队的图案，引导幼儿懂得排队等候；在厕所播放轻松的背景音乐等。

教师不用负面语言和表情评价幼儿的排泄行为，如嫌慢、嫌臭等。

教师用游戏的方式不断让幼儿练习与如厕相关的动作，提高自理能力。

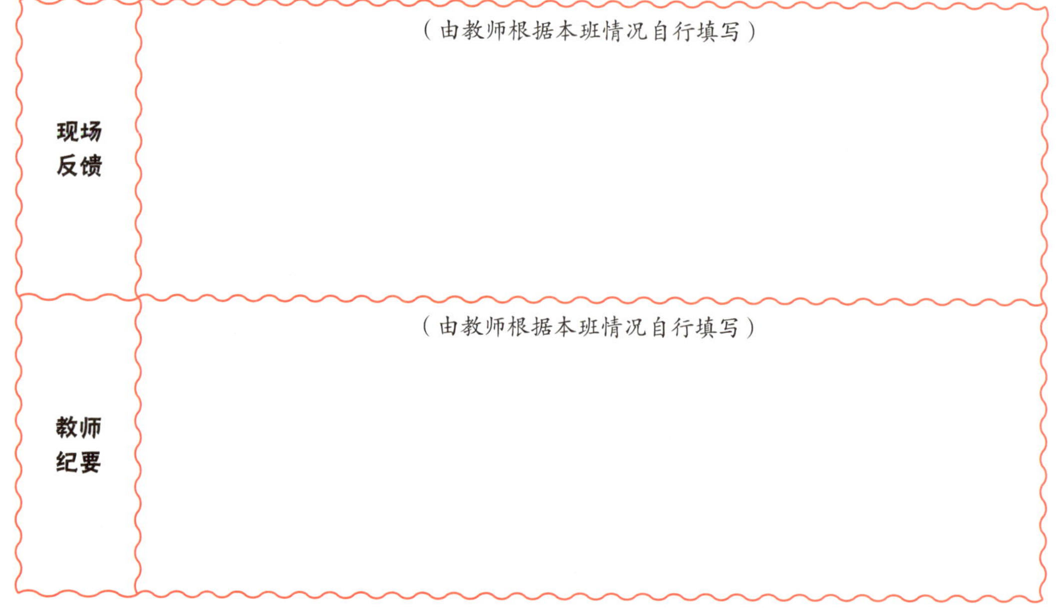

现场反馈	（由教师根据本班情况自行填写）
教师纪要	（由教师根据本班情况自行填写）

安全感

勇于表达自我需要，突破如厕难题

——轻轻松松上厕所

涉及领域

健康	语言	社会	科学	艺术
🦉	🦉	🦉		

游戏指标

趣味性 ★

互动性 ★ ★ ★

知识性 ★

操作性 ★ ★ ★

一、活动背景

初入幼儿园，新环境带来的不安全感和焦虑，使幼儿生活起居的各方面都受到影响，其中如厕困难是比较突出和集中的问题。上一活动“大家都要拉‘臭臭’”旨在让幼儿接受排便是正常的生理现象，在接受的基础上缓解紧张和焦虑感。除了正确认识和接受之外，如何表达需求也是解决如厕困难的重点。在幼儿园里，很多幼儿在有便意时，会因为害羞或害怕而不知如何表达这一需求。因此，如何让幼儿克服害羞、紧张情绪，及时并正确地表达需求是关键所在。

二、活动概况

活动名称	轻轻松松上厕所		针对问题	想上厕所不敢说、不会说	
相关维度	安全感		核心关键	勇于表达，善于表达	
活动代码	JI15A	授课对象	小班（上）	课时安排	10 ～ 15 分钟

三、活动目标

1. 模拟现实生活中需要上厕所的不同情境，不断为幼儿创造表达上厕所需要的机会。

2. 通过明确的示范教给幼儿表达需求的正确方式。

3. 以游戏和角色代入的方式，帮助幼儿放松自己，成功尝试。

4. 通过不断尝试，帮助幼儿积累成功地表达上厕所需求的经验。

5. 引导幼儿结合平时生活教育的内容，进一步练习上厕所的具体步骤，并用儿歌的方式加以强化。

四、活动准备

类型		内容	明细（名称、数量、要求）
硬件准备	教具	教师示范用	橘子猫玩偶，情境卡（活动区游戏中、户外游戏中、午睡前、吃饭时、上课时、升旗时），正面是情境图示，背面是号码 1 ～ 6，骰子
		教师奖励用	橘子猫笑脸或大拇指贴纸（若干）
		幼儿消耗用	上厕所动作顺序贴纸
	场地	活动室	本班活动室
		桌椅摆放	半圆形围坐（或横排坐），确保每个幼儿都能看到教师，便于教师演示
		其他	无
软件准备		幼儿相关能力	由教师根据本班情况自主填写
		本活动重点关注幼儿	由教师根据本班情况自主填写

五、活动过程

热场（1～2分钟）

方式——在多媒体课件带动下，进行1～2分钟律动。

目的——激发引导幼儿充分参与其中，破冰与放松。

主题导入（3～5分钟）

方式——橘子猫带入情境。

目的——引导幼儿进入上厕所主题，与教师互动表达。

用具——情境卡，橘子猫玩偶。

主题活动（3～5分钟）

方式——①教师让幼儿轮流掷骰子抽情境卡（6种幼儿园生活中的情境），锻炼如何表达要上厕所。②教师以橘子猫为主角创造问题情境，幼儿教橘子猫表达，教师制造主动创造及练习的机会。

目的——练习各种情境中的合理表达，帮助幼儿积累表达经验。

用具——情境卡。

分享与总结（1～2分钟）

方式——感受分享。

目的——强化成功经验。

律动结束（1分钟）

方式——感恩律动。

目的——运用感恩升华主题。

欢乐结尾，创造期待。

六、注意事项

活动重点

正视自然，缓解焦虑。在互动游戏的环节，当有幼儿因胆怯或害羞无法完成任务时，教师不可强求，可以允许幼儿寻求帮助，如找其他小朋友协助或替代，也可以向教师求助；在他人帮助下完成任务时，教师也要及时给予激励。

活动难点

有些不在状态的幼儿没有跟上活动节奏或没按要求进行，教师不可指责。除了再次强调要求外，教师还可以给予特别的任务要求，以吸引其注意力并配合。

活动延伸

教师可以请幼儿回到家分享当天的主题内容，家长一定要拥抱幼儿予以鼓励。

其他建议

教师营造良好的厕所文化环境，如在地上画上脚印，吸引幼儿注意且找到正确的位置；在墙上贴上小蚂蚁排队的图案，引导幼儿懂得排队等候；在厕所播放轻松的背景音乐等。

教师不用负面语言和表情评价幼儿的排泄行为，如嫌慢、嫌臭等。

教师用游戏的方式不断让幼儿练习与如厕相关的动作，增强自理能力。

现场反馈	（由教师根据本班情况自行填写）
教师纪要	（由教师根据本班情况自行填写）

自　我

提高自我效能，改善自卑心理

——通关找宝我可以

涉及领域

健康	语言	社会	科学	艺术
	🦉	🦉		

游戏指标

趣味性 ★★★

互动性 ★★

知识性 ★★★

操作性 ★★★

一、活动背景

自我效能感指一个人对自己是否有能力成功，或者能否掌控生活中的某种情境的一种信心。班杜拉是心理学社会学习领域的先驱，他及其他后继的研究者发现自我效能感在我们生活的各个方面起着作用，如职业的选择、约会中的行为、学术上的成就等。一个低自我效能感的人会把一切都看得无比困难，这就使他承受极大压力。反过来，一个高自我效能感的人，遇到困难时不但不会退缩，反而会付出更大的努力，做得更好。正如弗兰克·帕贾瑞斯所认为的，利用自我效能培养幼儿的信心比教授给他们学习方法更为重要。

二、活动概况

活动名称	通关找宝我可以		针对问题	自卑	
相关维度	自我		核心关键	提升自我效能感	
活动代码	JI16B	授课对象	小班（上）	课时安排	15 ～ 20 分钟

三、活动目标

在通关的过程中帮助幼儿学会自我激励，以应对负面情绪对自身的影响。

四、活动准备

类型		内容	明细（名称、数量、要求）
硬件准备	教具	教师示范用	关卡与宝藏，橘子猫玩偶
		教师奖励用	橘子猫笑脸或大拇指贴纸（若干）
		幼儿消耗用	关卡与宝藏
	场地	活动室	本班活动室
		桌椅摆放	无需桌椅，在地面布置关卡；也可铺地垫，在上边布置关卡
		其他	无
软件准备		幼儿相关能力	由教师根据本班情况自主填写
		本活动重点关注幼儿	由教师根据本班情况自主填写

五、活动过程

热场（1～2 分钟）

方式——在多媒体课件带动下，进行 1 ～ 2 分钟律动。

目的——激发引导幼儿充分参与其中，破冰与放松。

主题导入（3～5分钟）

方式——橘子猫带入情境。

目的——引导幼儿进入闯关情境。

用具——橘子猫玩偶。

主题活动（3～5分钟）

方式——幼儿分成两组找宝藏，可设置3关（如独木桥、跳格子、走迷宫），一组过关时大声说“我可以”，过关后大声说“我真棒”，另一组拍充气棒助威；通关后，发现宝藏（贴画、代币口袋），分享。

目的——营造闯关情境，鼓励幼儿在关键的时间点说出自我鼓励的话，反复练习表达，强化内在力量。

用具——关卡与宝藏。

分享与总结（1～2分钟）

方式——感受分享。

目的——鼓励幼儿自由表达。

律动结束（1分钟）

方式——感恩律动。

目的——运用感恩升华主题。

欢乐结尾，创造期待。

六、注意事项

活动重点

教师引导幼儿在通关的过程中，选择合适的时间点进行自我激励。

活动难点

幼儿出现挫败情绪时教师进行技巧性引导，形成正能量影响。

其他建议

教师协助幼儿在日常生活与学习中设定合理的目标，创造机会让幼儿体验成功，增强自信。

教师引导幼儿自我竞赛，跟过去的自己比较，而不是与他人比较。

教师引导幼儿正确、合理地归因。

现场反馈	（由教师根据本班情况自行填写）
教师纪要	（由教师根据本班情况自行填写）

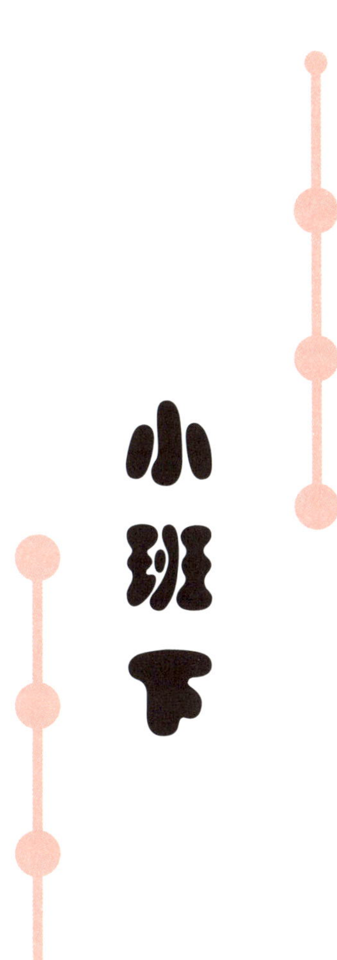
小班下

安全感

关注积极情绪，缓解入园焦虑
——遇见笑脸

涉及领域

健康	语言	社会	科学	艺术
🦉	🦉	🦉		

游戏指标

趣味性	★★★
互动性	★★★★
知识性	★★★
操作性	★★★★

一、活动背景

入园焦虑[1]是幼儿从家庭进入幼儿园后，因环境改变而表现出的心理体验和外在行为的不适应。入园焦虑对幼儿身心发展有诸多方面的影响，相关心理学研究表明，一定程度的心理压力有助于个体的成长，

注释：

①焦虑是个人预料会有某种不良后果或模糊性威胁出现时产生的不愉快情绪，表现为紧张不安、忧虑、烦恼、害怕和恐惧，可能伴随着出汗、颤抖、心跳加快等生理症状。

——杨治良、郝兴昌：《心理学辞典》，上海，上海辞书出版社，2016。

但如果这种心理压力过大且长时间得不到消除或有效缓解，将对个体身心造成负面影响。本活动引导幼儿关注生活和学习中正面积极的事件和感受，帮助他们从负面情绪中解脱出来，建立起对幼儿园的积极认知和感受。

二、活动概况

活动名称	遇见笑脸		针对问题	入园焦虑	
相关维度	安全感		核心关键	关注积极情绪	
活动代码	JII01A	授课对象	小班（下）	课时安排	10～15 分钟

三、活动目标

1. 借助问题卡引领幼儿回忆幼儿园的美好点滴，建立对幼儿园的正向认知。

2. 通过问题回答过程中的求助和互助，帮助幼儿建立对幼儿园环境及班级成员的安全感，强化正能量。

四、活动准备

类型		内容	明细（名称、数量、要求）
硬件准备	教具	教师示范用	问题卡，笑脸大图，沙包或橘子猫玩偶
		教师奖励用	礼品包及奖励贴画（勇气贴画、自信贴画）
		幼儿消耗用	礼品包及奖励贴画（勇气贴画、自信贴画）
	场地	活动室	本班活动室
		桌椅摆放	半圆形围坐（或横排坐），确保每个幼儿都能看到教师，便于教师演示；也可铺设地垫，幼儿面向老师席地而坐
		其他	无
软件准备		幼儿相关能力	由教师根据本班情况自主填写
		本活动重点关注幼儿	由教师根据本班情况自主填写

五、活动过程

热场（1～2 分钟）

方式——在多媒体课件带动下，进行 1～2 分钟律动。

目的——激发引导幼儿充分参与其中，破冰与放松。

主题导入（3～5分钟）

目的——教师运用教具将规则演示清晰。

方式——规则演示。

用具——笑脸大图，沙包或橘子猫玩偶。

主题活动（3～5分钟）

方式——①幼儿轮流向笑脸大图投掷橘子猫或沙包，投中笑脸大图可以获得橘子猫贴画；如没投中，则回答相应问题，回答后获得勇气贴画。②幼儿回答不出问题时可以求助；先请幼儿寻求帮助，不成功的话，教师问其他幼儿：有谁可以帮助？还有谁有补充？

目的——轮流投掷橘子猫玩偶或沙包，回答问题并获得奖励。

用具——笑脸大图，沙包或橘子猫玩偶，问题卡。

分享与总结（1～2分钟）

方式——感受分享。

目的——引导幼儿体会幼儿园中也有很多开心的情境，当他们关注正向体验，他们的感受会是积极的。

律动结束（1分钟）

方式——感恩律动。

目的——运用感恩升华主题。

欢乐结尾，创造期待。

六、注意事项

活动重点

教师引导幼儿挖掘出更多幼儿园中的正向事件及情绪体验，调动幼儿自身的内在积极力量。

活动难点

教师面对害羞的幼儿，引导其求助，鼓励其他幼儿提供帮助，在互助中为幼儿建立认知：在幼儿园，我充满安全感，我的班级成员时刻与我在一起；当我遇到困难时，我会从这个环境中获得帮助。

活动延伸

幼儿回到家后可和家长分享笑脸游戏中的正向事件及感受。

其他建议

家长鼓励幼儿分享，不局限于自己孩子在活动中被问到的问题，也可问问：“别的小朋友都抽到了什么问题呀？他们是怎么回答的？”帮助孩子强化正向的情绪体验。

现场反馈	（由教师根据本班情况自行填写）
教师纪要	（由教师根据本班情况自行填写）

人际交往

克服害羞，主动表达

——帮帮橘子猫

涉及领域

健康	语言	社会	科学	艺术

游戏指标

趣味性	★★★★
互动性	★★★★
知识性	★★★
操作性	★★★★

一、活动背景

害羞是儿童发展过程中出现的一种自然的行为现象。适度的害羞对儿童的发展是有积极作用的。中外文化中都有关于害羞的积极看法。例如，有些西方哲学家、艺术家把害羞视为一种美德；在我国也存在“沉默是金”“孩子有耳无嘴”“听话就是乖”等观念。不过，当一个儿童在日常生活中的害羞行为对其社会认知能力发展造成不良影响时，害羞就值得我们关注了。并且，随着社会交往逐渐增多，儿童也应该学会一定的社会交往规则，克服不合适的害羞，这对其人格发展有着重要意义。克服害羞，合理表达和展现自己要从幼儿期开始练习。

二、活动概况

活动名称	帮帮橘子猫		针对问题	害羞	
相关维度	人际交往		核心关键	主动表达	
活动代码	JII02D	授课对象	小班（下）	课时安排	10 ～ 15 分钟

三、活动目标

1. 创设害羞情境，帮助幼儿在他人角色中释放人际交往的焦虑。
2. 对害羞幼儿通过事先预演，帮助其提升在正式活动中主动表达的概率。
3. 活动中对害羞幼儿特别关注，引发其达成目标——克服害羞。

四、活动准备

类型		内容	明细（名称、数量、要求）
硬件准备	教具	教师示范用	情境卡
		教师奖励用	橘子猫笑脸或大拇指贴纸（若干）
		幼儿消耗用	无
	场地	活动室	本班活动室
		桌椅摆放	不需要桌椅，也可铺设地垫
		其他	无
软件准备		幼儿相关能力	由教师根据本班情况自主填写
		本活动重点关注幼儿	由教师根据本班情况自主填写

五、活动过程

热场（1 ～ 2 分钟）

方式——在多媒体课件带动下，进行 1 ～ 2 分钟律动。

目的——激发引导幼儿充分参与其中，破冰与放松。

主题导入（3～5分钟）

方式——橘子猫带入情境。

目的——用教具演示活动规则。

主题活动（3～5分钟）

方式——橘子猫演示情境，情境卡展示橘子猫不安的事、害羞的事（如答题不敢举手，吃饭不敢要勺子，不参与游戏，想上厕所不敢说，等等），请幼儿代替橘子猫表达，帮助橘子猫克服困难。

目的——释放人际交往的焦虑，体验成功表达后的喜悦与成就感，建立心理安全感，转化内在力量为行动。

用具——情境卡。

分享与总结（1～2分钟）

方式——感受分享。

目的——强化表达是安全的，可以为自己提供帮助。

律动结束（1分钟）

方式——感恩律动。

目的——运用感恩升华主题。

欢乐结尾，创造期待。

六、注意事项

活动重点

教师鼓励幼儿，尤其是班级中较为害羞的幼儿主动表达，必要时引导、提示。

活动难点

教师提前准备，为害羞幼儿预演帮橘子猫表达并克服困难的活动。

教师在事先挑选幼儿时，需用经过修饰的语言给幼儿解释其被选中的原因，切勿直白表述：“因为你比较害羞，需要特殊练习，所以老师跟你提前练习。”这样易挫伤幼儿的自尊心。

在教学活动中，教师对帮助橘子猫这一行为有所铺垫；积极暗示，引导幼儿帮助害羞的角色——橘子猫表达，幼儿自身化为强者，内心力量增强。

活动延伸

教师请幼儿回到家与家长分享活动中自己付出的努力以及感受，尤其是害羞幼儿，提示其父母注重这次互动机会。

其他建议

教师在日常活动中给予害羞幼儿特别关注。

家长应接纳、包容，创造平等、开放的交流环境。

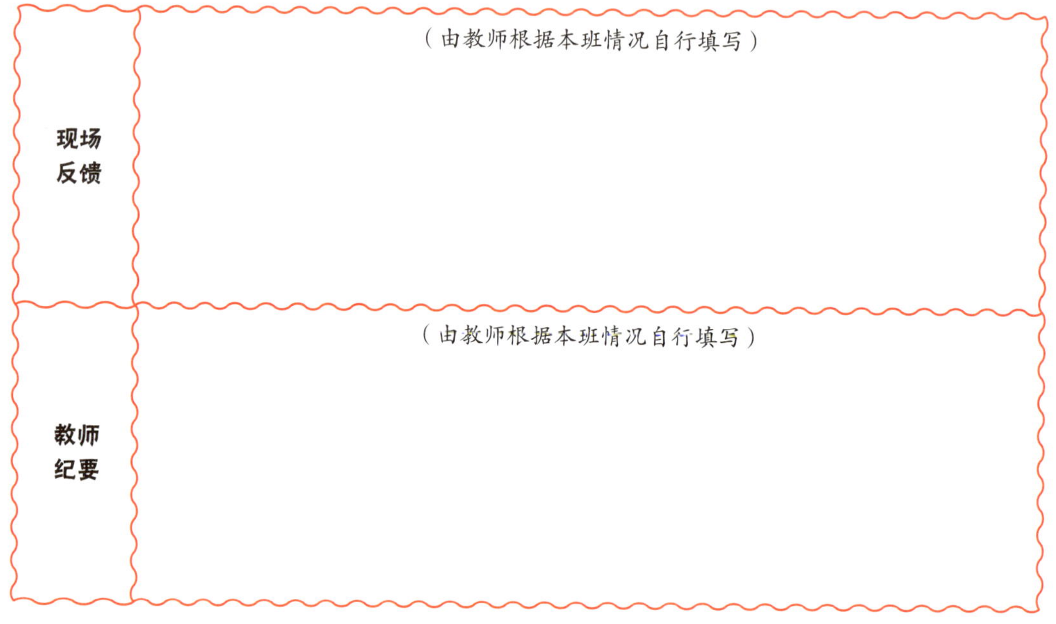

现场反馈	（由教师根据本班情况自行填写）
教师纪要	（由教师根据本班情况自行填写）

情　绪

认识身体，减少不确定性，缓解体检焦虑
——体检那些事儿

涉及领域

健康	语言	社会	科学	艺术
🦉	🦉	🦉		

游戏指标

趣味性	★★★★★
互动性	★★★★
知识性	★★★★
操作性	★★★★★

一、活动背景

幼儿处于特殊年龄阶段，幼儿体检重在动态监测生长发育情况。然而很多幼儿出于种种原因，如把体检和看病、打针、吃药联系在一起，会对体检表现出强烈的焦虑甚至抗拒，害怕体检，夸大体检的不良体验，等等。本活动旨在帮助幼儿重新建立对体检的认知、对自己身体的认知，帮助幼儿感受体检的好处和快乐。

二、活动概况

<table>
<tr><td>活动名称</td><td colspan="2">体检那些事</td><td>针对问题</td><td colspan="2">对体检感到焦虑</td></tr>
<tr><td>相关维度</td><td colspan="2">情绪</td><td>核心关键</td><td colspan="2">减少不确定性</td></tr>
<tr><td>活动代码</td><td>JII03B</td><td>授课对象</td><td>小班（下）</td><td>课时安排</td><td>10～15 分钟</td></tr>
</table>

三、活动目标

1. 通过身体轮廓和重要部位的展示，帮助幼儿增强对自己身体的认知。

2. 通过情境演练增强幼儿的角色代入感和特定职业的责任感，感受为他人体检的乐趣，进一步换位思考，降低自身体检焦虑。

四、活动准备

<table>
<tr><th colspan="2">类型</th><th>内容</th><th>明细（名称、数量、要求）</th></tr>
<tr><td rowspan="6">硬件准备</td><td rowspan="3">教具</td><td>教师示范用</td><td>橘子猫玩偶，互动屏及相关设计</td></tr>
<tr><td>教师奖励用</td><td>橘子猫笑脸或大拇指贴纸（若干）</td></tr>
<tr><td>幼儿消耗用</td><td>互动屏，医生帽，听诊器，记录板</td></tr>
<tr><td rowspan="3">场地</td><td>活动室</td><td>本班活动室</td></tr>
<tr><td>桌椅摆放</td><td>绘画轮廓环节铺设地垫，便于幼儿平躺；体检角色扮演环节可放置桌椅，两人一组，组与组之间略有空间，便于教师走动指导</td></tr>
<tr><td>其他</td><td>无</td></tr>
<tr><td colspan="2" rowspan="2">软件准备</td><td>幼儿相关能力</td><td>由教师根据本班情况自主填写</td></tr>
<tr><td>本活动重点关注幼儿</td><td>由教师根据本班情况自主填写</td></tr>
</table>

五、活动过程

热场（1～2 分钟）

方式——在多媒体课件带动下，进行 1～2 分钟律动。

目的——激发引导幼儿充分参与其中，破冰与放松。

主题导入（3～5 分钟）

方式——橘子猫情境演示。

目的——引导幼儿进入体检情境。

用具——橘子猫玩偶。

主题活动（3～5分钟）

方式——①教师用互动屏量幼儿的身高，展示人体轮廓图，展示心脏、肺、肠、胃的位置，帮助幼儿学习重要器官的位置及作用。②角色扮演，幼儿两两一组，轮流当医生，为对方体检并记录，消除未知，增强乐趣。③幼儿回家可以和家长继续练习。

目的——帮助幼儿角色代入，增强认知，减少不确定性。

用具——医生帽，听诊器，记录板，互动屏。

分享与总结（1～2分钟）

方式——感受分享。

目的——引导幼儿表达自己今天学到了什么，强化认知。

律动结束（1分钟）

方式——感恩律动。

目的——运用感恩升华主题。

欢乐结尾，创造期待。

六、注意事项

活动重点

教师准确传递知识信息——心脏、肺、肠、胃的位置。

教师鼓励幼儿体验角色，帮助其减少不确定感。

活动难点

教师对以往展现出强烈体检焦虑的幼儿给予重点关注，接纳其胆怯，鼓励其体验与表达。

活动延伸

教师请幼儿将相关教具带回家，和家庭成员继续模拟扮演，增强体验。

其他建议

教师在下一次体检来临之前，帮助幼儿回忆本次体验，强化确定感。

家长在日常带幼儿体检或就医时，弱化该行为带来的负面体验；平时不要以此作为威胁孩子的手段，如“如果你不好好吃饭，生病了就让医生叔叔给你打针”。

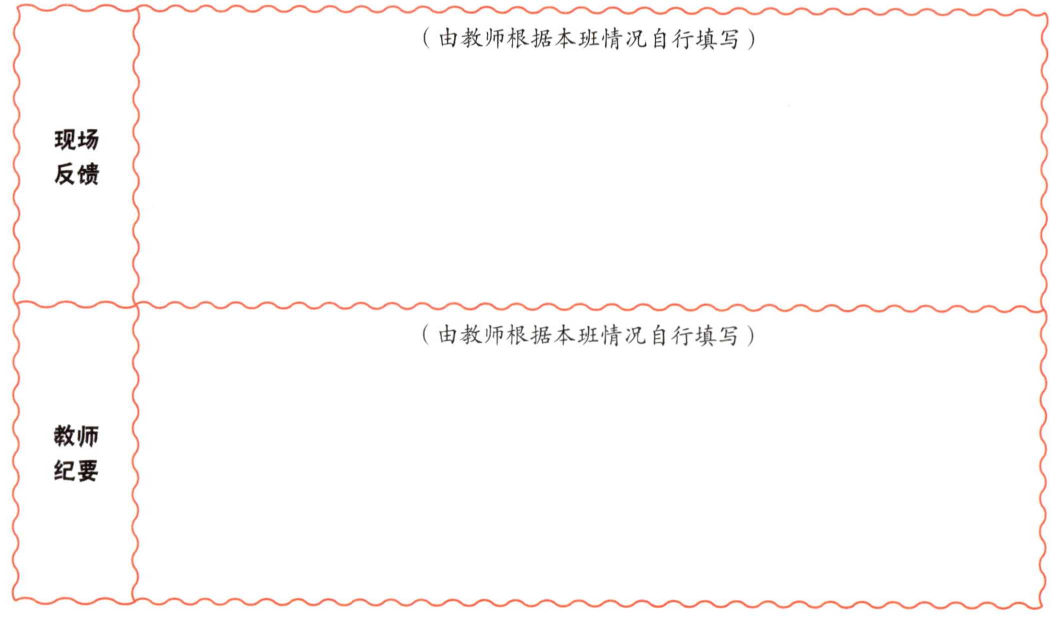

现场反馈	（由教师根据本班情况自行填写）
教师纪要	（由教师根据本班情况自行填写）

安全感

加深食物认知，增强生活适应性
——营养小厨师和食物能量光环

涉及领域

健康	语言	社会	科学	艺术

游戏指标

趣味性 ★★★★

互动性 ★★★★★

知识性 ★★★★

操作性 ★★★

一、活动背景

挑食是一种幼儿常见的不良行为习惯，指饮食过程中对某些食物挑剔或仅吃几种自己喜欢或习惯的食物。例如，很多幼儿不吃某种蔬菜，不喜欢某种颜色的水果，或者不能接受某种性状的食物，如糊状。挑食的现象如在幼儿阶段不被重视，幼儿长大有可能发展为严重的挑食，甚至发展为选择性饮食障碍。本活动运用角色扮演的方式，完善幼儿对各类食物重要性的认知，增强幼儿园饮食的适应性。

二、活动概况

活动名称	营养小厨师和食物能量光环		针对问题	挑食	
相关维度	安全感		核心关键	生活适应	
活动代码	JII04A	授课对象	小班（下）	课时安排	10 ～ 15 分钟

三、活动目标

1. 通过食物能量光环增强幼儿对各类食物重要性的认知。

2. 通过营养小厨师活动，帮助幼儿在角色扮演的过程中发挥创意，创造属于自己的食物搭配，增强对各类食物的好感，以此增强适应性。

四、活动准备

类型		内容	明细（名称、数量、要求）
硬件准备	教具	教师示范用	互动屏食物能量光环（按颜色分区，包括食物、阳光、彩虹、能量）
		教师奖励用	橘子猫笑脸或大拇指贴纸（若干）
		幼儿消耗用	厨师帽，互动屏蔬菜，色彩餐盘及相应贴纸
	场地	活动室	本班活动室
		桌椅摆放	半圆形围坐（或横排坐），确保每个幼儿能看到教师，便于教师演示及幼儿搭配菜谱
		其他	无
软件准备		幼儿相关能力	由教师根据本班情况自主填写
		本活动重点关注幼儿	由教师根据本班情况自主填写

五、活动过程

热场（1～2 分钟）

方式——在多媒体课件带动下，进行 1 ～ 2 分钟律动。

目的——激发引导幼儿充分参与其中，破冰与放松。

方式——互动屏展示食物能量光环及不同颜色的食物，点击食物与光环中相应的颜色区域，进行匹配。

目的——帮助幼儿认识各种食物的重要性，每天摄入的食物种类多，获得的能量与营养才充足。

用具——互动屏食物能量光环，互动屏蔬菜。

主题活动（3～5分钟）

方式——①教师幼儿运用互动屏完成食物与颜色的匹配后光环闪烁以示成功，告诉幼儿不同食物象征不同能量，它们都可以帮助我们成长。②幼儿将自己的色彩餐盘带回家，每日吃相应颜色的食物，使用颜色贴纸拼凑食物能量光环，光环完成后幼儿带色彩餐盘回幼儿园，获得奖品。

目的——鼓励幼儿发挥创意，打破固有观念，多运用日常不吃的食物。

用具——互动屏食物能量光环，互动屏蔬菜，厨师帽，色彩餐盘及相应贴纸。

分享与总结（1～2分钟）

方式——感受分享。

目的——接纳幼儿各种不同感受。

律动结束（1分钟）

方式——感恩律动。

目的——运用感恩升华主题。

欢乐结尾，创造期待。

六、注意事项

活动重点

教师帮助幼儿认识多种食物的重要性。

教师增强幼儿对自己不吃的食物的好感度。

活动难点

教师鼓励幼儿打破故有观念，尝试运用平时不吃的食物。

活动延伸

家庭可自备食物能量光环，张贴在明显位置，带来积极暗示。

营养小厨师环节可作为亲子游戏继续开展下去。

其他建议

家长应营造愉快的进餐氛围。

家长应帮助幼儿养成良好的进餐习惯。

家长应控制幼儿吃零食，引导其适度运动。

家长应改变食物烹饪方法。

家长亲自给孩子展示吃孩子不吃的食物，正向引导。

家长应邀请幼儿参与力所能及的烹饪过程。

现场反馈	（由教师根据本班情况自行填写）
教师纪要	（由教师根据本班情况自行填写）

情　绪

情绪识别，认知喜怒哀惧

——感觉十字花

涉及领域

健康	语言	社会	科学	艺术

游戏指标

趣味性 ★★★★

互动性 ★★★★

知识性 ★★★★

操作性 ★★★★★

一、活动背景

幼儿情绪的识别能力比较差，而情绪的识别是幼儿社会交往能力的重要体现。应该重视对幼儿情绪识别能力的培养，这一方面能够帮助幼儿增强自我觉察，为随后的情绪管理打下良好基础；另一方面能帮助幼儿更易察觉他人的情绪，能够共情，善于体谅他人，也有助于幼儿成长为具有情感敏感性的易于合作、受欢迎的社会人。

二、活动概况

<table>
<tr><td>活动名称</td><td colspan="2">感觉十字花</td><td>针对问题</td><td colspan="2">情绪识别困难</td></tr>
<tr><td>相关维度</td><td colspan="2">情绪</td><td>核心关键</td><td colspan="2">情绪识别</td></tr>
<tr><td>活动代码</td><td>JII05C</td><td>授课对象</td><td>小班（下）</td><td>课时安排</td><td>10～15 分钟</td></tr>
</table>

三、活动目标

1. 引导幼儿识别喜、怒、哀、惧四种情绪的表情以及它们的含义，能够将生活事件与相应的情绪建立联系。

2. 引导幼儿学会运用“当我发生……时，我感到……”的句型。

3. 引导幼儿自我接纳，明确情绪的产生是正常的。

四、活动准备

<table>
<tr><th colspan="2">类型</th><th>内容</th><th>明细（名称、数量、要求）</th></tr>
<tr><td rowspan="6">硬件准备</td><td rowspan="3">教具</td><td>教师示范用</td><td>四种表情花瓣若干，小花模型，音乐播放器，橘子猫玩偶</td></tr>
<tr><td>教师奖励用</td><td>橘子猫笑脸或大拇指贴纸（若干）</td></tr>
<tr><td>幼儿消耗用</td><td>四种表情花瓣若干，小花模型</td></tr>
<tr><td rowspan="3">场地</td><td>活动室</td><td>本班活动室</td></tr>
<tr><td>桌椅摆放</td><td>不需要桌椅，将教室地面布置若干条林间小路，路边撒满表情花瓣</td></tr>
<tr><td>其他</td><td>无</td></tr>
<tr><td colspan="2" rowspan="2">软件准备</td><td>幼儿相关能力</td><td>由教师根据本班情况自主填写</td></tr>
<tr><td>本活动重点关注幼儿</td><td>由教师根据本班情况自主填写</td></tr>
</table>

五、活动过程

热场（1～2 分钟）

方式——在多媒体课件带动下，进行 1～2 分钟律动。

目的——激发引导幼儿充分参与其中，破冰与放松。

主题导入（3～5 分钟）

方式——规则演示。

目的——运用教具将规则演示清晰。

主题活动（3～5分钟）

方式——教师在教室中布置一条“林间小路”，林间小路边布满四种表情花瓣，幼儿穿过林间小路捡花瓣以贴成小花，同时分别表述与花瓣上表情对应的事件，教师演示引导：老师在得到……时是……（如开心），你呢？

目的——幼儿依次通过林间小路，随机拾取花瓣，分享事件与情绪。

用具——四种表情花瓣若干，小花模型，音乐播放器，橘子猫玩偶。

分享与总结（1～2分钟）

方式——感受分享。

目的——引导幼儿分享活动感受。

律动结束（1分钟）

方式——感恩律动。

目的——运用感恩升华主题。

欢乐结尾，创造期待。

六、注意事项

活动重点

教师启发幼儿对生活事件所引发的情绪有所觉察。

活动难点

幼儿对内在心理感受和外部情绪表现的相关性进行把握。

活动延伸

幼儿回到家后可与家长反复练习基本的情绪觉察句式：“今天发生了……我感到……”

其他建议

家长来接幼儿时，教师可向家长介绍该年龄段幼儿的情绪情感特点。成人要加强自身对情绪的认知。

教师和家长要为幼儿创造接纳与包容的空间，使幼儿在有情绪时可以安全表达，表达即疗愈，对缓解负面情绪具有重要作用。

现场反馈	（由教师根据本班情况自行填写）
教师纪要	（由教师根据本班情况自行填写）

自　我

亲子关系投射，了解母子 / 母女关系
——绘画我和妈妈

涉及领域

健康	语言	社会	科学	艺术
✓	✓	✓		✓

游戏指标

趣味性 ★★★
互动性 ★★
知识性 ★★★
操作性 ★★★★

一、活动背景

孩子的成长离不开家长的教育和陪伴，孩子的性格和行为习惯也深受家长的影响，家长的教育方式和行为举止对孩子造成的影响是潜移默化的，影响着孩子的一生。在孩子的成长过程中，家里和孩子接触最多的往往是妈妈，孩子长大后的性格很大程度上受妈妈的影响，所以心理学领域有人常说：“和母亲的关系会影响孩子的一生。”因此，了

解幼儿与母亲的关系，有意识地做出积极的引导，就显得尤为重要。

二、活动概况

活动名称	绘画我和妈妈		针对问题	母子 / 母女关系不良	
相关维度	自我		核心关键	绘画投射	
活动代码	JII06B	授课对象	小班（下）	课时安排	10 ～ 15 分钟

三、活动目标

1. 通过绘画帮助幼儿展现真实的母子 / 母女关系。
2. 通过引导幼儿充分表达，释放负面能量，强化关系中的积极因素。

四、活动准备

类型		内容	明细（名称、数量、要求）
硬件准备	教具	教师示范用	演示画（橘子猫妈妈和橘子猫），互动屏
		教师奖励用	橘子猫笑脸或大拇指贴纸（若干）
		幼儿消耗用	纸张，画笔，相框，互动屏
	场地	活动室	本班活动室
		桌椅摆放	半圆形围坐（或横排坐），确保每个幼儿都能看到教师，便于教师演示及幼儿绘画
		其他	无
软件准备		幼儿相关能力	由教师根据本班情况自主填写
		本活动重点关注幼儿	由教师根据本班情况自主填写

五、活动过程

热场（1 ～ 2 分钟）

方式——在多媒体课件带动下，进行 1 ～ 2 分钟律动。

目的——激发引导幼儿充分参与其中，破冰与放松。

主题导入（3 ～ 5 分钟）

方式——教师展示橘子猫和橘子猫妈妈的相处情境。

目的——利用不同情境帮助幼儿了解各种母子 / 母女关系。

用具——演示画。

主题活动（3～5 分钟）

方式——①母亲节前，幼儿先准备妈妈的照片（教师提前布置家庭作业，收集妈妈的照片），画妈妈和自己，把画放入相框，随后用语言描述画的内容（我在哪儿，妈妈在哪儿；我在做什么，妈妈在做什么）。②教师用互动屏扫描幼儿的画并投影展示。

目的——鼓励幼儿自由表达。

用具——画纸，画笔，相框，互动屏。

分享与总结（1～2 分钟）

方式——感受分享。

目的——感受他人的同类情感，再次聚焦主题。

律动结束（1 分钟）

方式——感恩律动。

目的——运用感恩升华主题。

欢乐结尾，创造期待。

六、注意事项

活动重点

幼儿绘画不受限制，自由展现。

教师有技巧性地发问，引导幼儿自我解读。

活动难点

教师鼓励幼儿充分描述自己的作品，通过作品了解其母子 / 母女关系状态，协助其表达感受。

活动延伸

家长接幼儿时，教师鼓励幼儿向家长介绍自己的作品，分享感受。

其他建议

家长将幼儿作品带回家，尊重幼儿作品，帮助其好好保管。这一行为潜在的心理学意义为：作为妈妈，我尊重你的真实感受，我鼓励你的真实表达。

现场反馈	（由教师根据本班情况自行填写）
教师纪要	（由教师根据本班情况自行填写）

自　我

亲子关系投射，了解父子 / 父女关系
——拼贴我和爸爸

涉及领域

健康	语言	社会	科学	艺术

游戏指标

趣味性 ★★★★

互动性 ★★★★★

知识性 ★★★

操作性 ★★★★

一、活动背景

孩子的成长离不开家长的教育和陪伴。中国社会传统观念对母亲给孩子的教育抱有更多期待，对父亲在亲子关系中的作用并没有给予相应的重视，甚至有些孩子关于父亲的概念都是模糊的。但父亲在亲子关系中也具有极为重要的作用，父亲会影响孩子的勇敢自信、未来事业的成就。因此，了解幼儿与父亲的关系，有意识地做出正向引导，就

显得尤为重要。

二、活动概况

<table>
<tr><td>活动名称</td><td colspan="2">拼贴我和爸爸</td><td>针对问题</td><td colspan="2">父子 / 父女关系不良</td></tr>
<tr><td>相关维度</td><td colspan="2">自我</td><td>核心关键</td><td colspan="2">拼贴画投射</td></tr>
<tr><td>活动代码</td><td>JII07B</td><td>授课对象</td><td>小班（下）</td><td>课时安排</td><td>10 ～ 15 分钟</td></tr>
</table>

三、活动目标

1. 通过拼贴画帮助幼儿展现真实的父子 / 父女关系。
2. 通过引导幼儿充分表达，释放负面能量，强化关系中的积极因素。

四、活动准备

<table>
<tr><th colspan="2">类型</th><th>内容</th><th>明细（名称、数量、要求）</th></tr>
<tr><td rowspan="6">硬件准备</td><td rowspan="3">教具</td><td>教师示范用</td><td>演示画（橘子猫爸爸和橘子猫），互动屏</td></tr>
<tr><td>教师奖励用</td><td>橘子猫笑脸或大拇指贴纸（若干）</td></tr>
<tr><td>幼儿消耗用</td><td>贺卡纸，爸爸人物贴纸，互动屏</td></tr>
<tr><td rowspan="3">场地</td><td>活动室</td><td>本班活动室</td></tr>
<tr><td>桌椅摆放</td><td>半圆形围坐（或横排坐），确保每个幼儿能看到教师，便于教师演示及幼儿做拼贴画</td></tr>
<tr><td>其他</td><td>无</td></tr>
<tr><td colspan="2" rowspan="2">软件准备</td><td>幼儿相关能力</td><td>由教师根据本班情况自主填写</td></tr>
<tr><td>本活动重点关注幼儿</td><td>由教师根据本班情况自主填写</td></tr>
</table>

五、活动过程

热场（1 ～ 2 分钟）

方式——在多媒体课件带动下，进行 1 ～ 2 分钟律动。

目的——激发引导幼儿充分参与其中，破冰与放松。

主题导入（3 ～ 5 分钟）

方式——教师展示橘子猫和橘子猫爸爸的相处情境。

目的——利用不同情境帮助幼儿了解各种父子 / 父女关系。

用具——演示画。

主题活动（3～5 分钟）

方式——①教师讲橘子猫爸爸的故事，幼儿在贺卡上用贴纸贴出爸爸的形象，贺卡外面是西服图案，里面可供幼儿自由发挥拼贴爸爸，并用语言描述爸爸（先开放式回答，如果回答不上来教师可以用问题引导），家校互动，教师请幼儿回家再次描述。②教师互动屏扫描幼儿的拼贴画并展示。

目的——鼓励幼儿自由表达。

用具——贺卡纸，爸爸人物贴纸，互动屏。

分享与总结（1～2 分钟）

方式——感受分享。

目的——引导幼儿表达和爸爸的关系状态。

律动结束（1 分钟）

方式——感恩律动。

目的——运用感恩升华主题。

欢乐结尾，创造期待。

六、注意事项

活动重点

幼儿制作拼贴画时不受限制，自由展现。

教师有技巧性地发问，引导幼儿自我解读。

活动难点

教师可鼓励幼儿充分描述自己的作品，通过作品了解其父子 / 父女关系状态，协助其表达感受。

活动延伸

家长接幼儿时，教师鼓励幼儿向家长介绍自己的作品，分享感受。

其他建议

家长将幼儿的作品带回家，尊重幼儿作品，帮助其好好保管。这一行为潜在的心理学意义为：作为爸爸，我尊重你的真实感受，我鼓励你的真实表达。

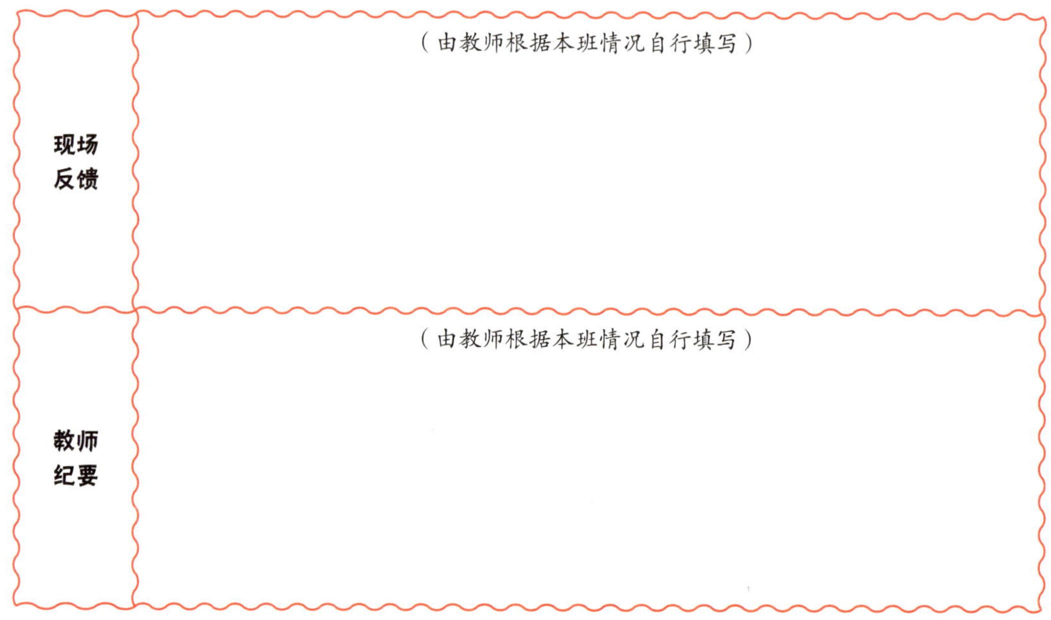

现场反馈	（由教师根据本班情况自行填写）
教师纪要	（由教师根据本班情况自行填写）

人际交往

人际互动的正向体验，平衡争抢与共享（一）
——大厨来抢菜

涉及领域

健康	语言	社会	科学	艺术
	🦉	🦉		

游戏指标

趣味性 ★★★

互动性 ★★★★

知识性 ★★★

操作性 ★★★★

一、活动背景

爱玩是孩子的天性，幼儿的身心发展需要在玩的过程中完成。日常幼儿会花很长的时间去玩玩具和做游戏。幼儿在玩玩具时，极易出现争抢玩具的现象。争抢玩具是幼儿发展过程中的一种正常现象，但可能会导致意外发生，也会破坏幼儿的人际关系，所以不被鼓励，是需要解决的幼儿行为问题。这种行为一般在两岁左右开始出现[①]，如果幼儿超过这个年龄仍频繁出现这种行为，教师应该通过和家长的共同努力尽快地帮助幼儿学习相关规则，改正不良行为，学会正确的和其他幼儿交往的方式，尊重别人。

注释：

①皮亚杰将儿童的道德发展划分为四个阶段，其中第一阶段为“自我中心阶段”或“前道德阶段”（2～5岁），该阶段儿童缺乏按规则来规范行为的自觉性，在亲子关系、同伴关系、价值判断等方面均表现出自我中心倾向。

——陈录生:《“道德发展阶段论”与我国儿童道德认识发展规律》，载《心理学探新》，1989（3）。

二、活动概况

活动名称	大厨来抢菜		针对问题	争抢物品	
相关维度	人际交往		核心关键	获得人际互动的正向体验	
活动代码	JII08D	授课对象	小班（下）	课时安排	10～15分钟

三、活动目标

1. 创设争抢情境，帮助幼儿释放占有欲本能。

2. 在竞争中引导幼儿体验物资的充足性，在活动中建立起心理安全感，从而自然而然地弱化日常生活中的争抢行为。

3. 引导幼儿锻炼转化指令要求的技能，辨别形状。

四、活动准备

类型		内容	明细（名称、数量、要求）
硬件准备	教具	教师示范用	大厨帽子，蔬菜头饰，互动屏
		教师奖励用	橘子猫笑脸或大拇指贴纸（若干）
		幼儿消耗用	大厨帽子，互动屏
	场地	活动室	本班活动室
		桌椅摆放	不需要桌椅，可铺设地垫
		其他	无
软件准备		幼儿相关能力	由教师根据本班情况自主填写
		本活动重点关注幼儿	由教师根据本班情况自主填写

五、活动过程

热场（1～2分钟）

方式——在多媒体课件带动下，进行1～2分钟律动。

目的——激发引导幼儿充分参与其中，破冰与放松。

主题导入（3～5分钟）

方式——规则陈述。

目的——使用教具演示活动规则。

用具——大厨帽子，蔬菜头饰，互动屏。

主题活动（3～5分钟）

方式——互动屏展示各种蔬菜和食物，幼儿分为2～3组，根据教师指令（如绿叶菜）在自己的蔬菜超市点选相应种类的原材料，已被选择的原材料不能再被选择，但每个种类都有2～3种可供幼儿选择，确保每组都能选到1种。

目的——释放占有欲，体验物资的充足性，建立心理安全感。

用具——大厨帽子，蔬菜头饰，互动屏。

分享与总结（1～2分钟）

方式——感受分享。

目的——强化物品是充足的，可满足所有人的需求，可被共享。

律动结束（1分钟）

方式——感恩律动。

目的——运用感恩升华主题。

欢乐结尾，创造期待。

六、注意事项

活动重点

幼儿释放占有欲。

物资的充足性建立起幼儿的心理安全感。

活动难点

活动应避免幼儿因碰撞发生伤害。

教师正向引导。

活动延伸

教师请幼儿回到家与家长分享活动中自己付出的努力及感受。

其他建议

教师教给幼儿正确获取物品的方法，避免争抢。

教师在幼儿玩玩具时确立好规则。

教师注意培养幼儿分享的习惯。

教师在幼儿出现问题时正确引导。

教师教幼儿怎样正确地与他人交往。

家长在家中与幼儿游戏时也要确立好规则。

教师及时帮幼儿解决问题并教给幼儿解决问题的方法。

现场反馈	（由教师根据本班情况自行填写）
教师纪要	（由教师根据本班情况自行填写）

安全感

增强安全感，改掉咬手顽习

——温柔抱一抱

涉及领域

健康	语言	社会	科学	艺术
🦉	🦉			

游戏指标

趣味性 ★★★★

互动性 ★★★★★

知识性 ★★★

操作性 ★★★★

一、活动背景

很多幼儿有咬手的习惯，家长因担心卫生等问题会进行干涉，但往往收效甚微，有的幼儿甚至因此手指受损。其实，幼儿咬手（或喜欢啃咬其他东西）在一定程度上是成长发育中的正常现象，一方面是口欲

注释：

① 口欲期，弗洛伊德精神分析理论中人格发展的第一阶段（约从出生至1.5岁）。此阶段个体的兴奋投注于口腔，性感区集中于嘴和唇，依靠吸吮、咀嚼、吞咬等口腔活动获得满足。这些活动得到过分满足或受到过分抑制，就会发展为某种人格

特征。随年龄增长，吸吮动作逐渐与获得乳汁及营养相分离，对象也从母亲的乳头转移至自身的某一部分。这一阶段表现出幼儿性活动的三个特征：与维持生命的觅食活动密切相关；不知有性对象，只是一种自体享乐；性目的受性感区的直接控制。

——杨治良、郝兴昌:《心理学辞典》，上海，上海辞书出版社，2016。

期[1]的表现，另一方面是自我缓解紧张和焦虑的方法。咬手只是现象，背后是安全感的建立及焦虑情绪的缓解。因此，安全感的建立才是关键。

二、活动概况

活动名称	温柔抱一抱		针对问题	有咬手等自伤习惯	
相关维度	安全感		核心关键	学习替代动作	
活动代码	JII09A	授课对象	小班（下）	课时安排	10～15分钟

三、活动目标

1. 通过橘子猫自述帮助幼儿识别焦虑状态。
2. 通过替代动作的练习帮助幼儿建立新的正向、合理的行为习惯，用以化解焦虑。

四、活动准备

类型		内容	明细（名称、数量、要求）
硬件准备	教具	教师示范用	歌谣、橘子猫玩偶
		教师奖励用	橘子猫笑脸或大拇指贴纸（若干）
		幼儿消耗用	大奶瓶容器、命令纸条
	场地	活动室	本班活动室
		桌椅摆放	铺设地垫，幼儿可坐可站，营造放松状态
		其他	无
软件准备		幼儿相关能力	由教师根据本班情况自主填写
		本活动重点关注幼儿	由教师根据本班情况自主填写

五、活动过程

热场（1～2分钟）

方式——在多媒体课件带动下，进行1～2分钟律动。

目的——激发引导幼儿充分参与其中，破冰与放松。

主题导入（3～5分钟）

方式——橘子猫讲述在特定情境下咬手的故事。

目的——帮助幼儿联想，对号入座，识别焦虑情绪。

用具——橘子猫玩偶。

主题活动（3～5分钟）

方式——①幼儿围坐圈，相临幼儿彼此捏捏手（几下）。②幼儿听音乐，音乐停止时从大奶瓶容器中取一张命令纸条，按纸条要求做动作。③幼儿抱抱前面的伙伴，抱他的小肚子；抱抱后面的伙伴，抱他的小肩膀。

目的——特定替代动作的学习与练习，如紧张时可以拥抱自己。

用具——歌谣音律，大奶瓶容器，命令纸条。

分享与总结（1～2分钟）

方式——感受分享。

目的——引导幼儿充分表达动作练习中的各种感受。

律动结束（1分钟）

方式——感恩律动。

目的——运用感恩升华主题。

欢乐结尾，创造期待。

六、注意事项

活动重点

教师对幼儿咬手行为不指责、不评判。

替代动作示范到位，练习充分，教师鼓励幼儿感受的表达。

活动难点

教师给不善于肢体表达的幼儿以正向引导，避免施加压力造成更大的焦虑。

活动延伸

家校互动中，教师向家长传达关于咬手、口欲期、安全感等相关信息，建立正向认知。

教师鼓励幼儿充当小老师，回家后将替代动作的方法教给家长，增加互动分享。

其他建议

教师观察到幼儿咬手时，帮助幼儿回忆，鼓励用学习到的新行为替代原有行为。

家长邀请幼儿将学到的新方法分享给和自己经常一起玩耍的小伙伴，在分享中强化，配合幼儿形成新的行为习惯。

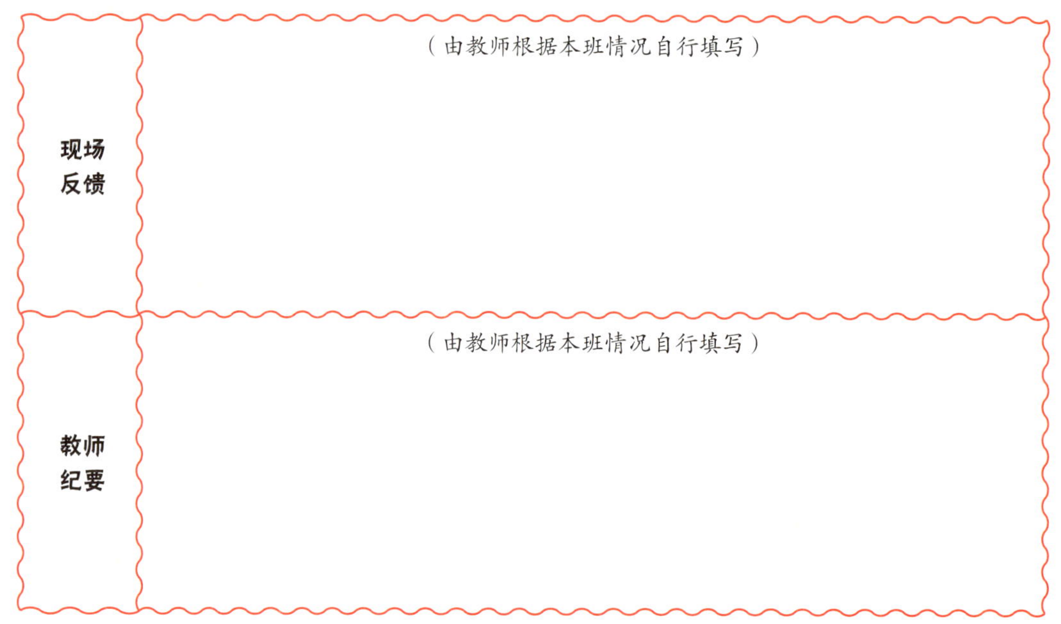

现场反馈	（由教师根据本班情况自行填写）
教师纪要	（由教师根据本班情况自行填写）

情　绪

负面情绪的合理表达，情绪表达与辨识
——吹画情绪小太阳

涉及领域

健康	语言	社会	科学	艺术
🦉	🦉	🦉		

游戏指标

趣味性 ★★★★

互动性 ★★★

知识性 ★★★

操作性 ★★★★★

一、活动背景

伤心、失望、生气，每当有这些感觉的时候，幼儿小小的身体就会爆发出巨大能量，会哭闹甚至打架。很多时候，幼儿的行为问题源于不合理的情绪表达。研究结果指出：6 岁以前的情感经验对人的一生具有持久的影响，幼儿如果此时无法集中注意力，性格急躁、易怒、悲观、具破坏性，或者孤独、焦虑、对自己不满意等，则其 6 岁后的个性发展和品格培养会受到消极影响。如果负面情绪经常出现而且持续很久，就会影响幼儿的身心健康与人际关系的发展。因此，帮助幼儿正确地认识情绪、表达情绪，是解决很多行为问题的核心。

二、活动概况

活动名称	吹画情绪小太阳		针对问题	不合理表达情绪	
相关维度	情绪		核心关键	情绪表达	
活动代码	JII10C	授课对象	小班（下）	课时安排	10～15 分钟

三、活动目标

1. 通过橘子猫情景剧使幼儿了解各种情绪。
2. 通过吹画帮助幼儿辨识和表达自己的情绪，充分释放负面能量，强化正面能量。

四、活动准备

类型		内容	明细（名称、数量、要求）
硬件准备	教具	教师示范用	吹画用品——彩色吸管、塑料滴管、（无毒）手指画颜料、调色盘、手工眼睛、白纸、签字笔，橘子猫玩偶
		教师奖励用	橘子猫笑脸或大拇指贴纸（若干）
		幼儿消耗用	吹画用品——（无毒无味）彩色吸管、塑料滴管、（无毒）手指画颜料、调色盘、手工眼睛、白纸、签字笔
	场地	活动室	本班活动室
		桌椅摆放	半圆形围坐（或横排坐），确保每个幼儿能看到教师，便于教师演示及幼儿吹画；桌面可铺设桌布，以免颜料滴溅，便于清洁
		其他	无
软件准备		幼儿相关能力	由教师根据本班情况自主填写
		本活动重点关注幼儿	由教师根据本班情况自主填写

五、活动过程

热场（1～2 分钟）

方式——在多媒体课件带动下，进行 1～2 分钟律动。

目的——激发引导幼儿充分参与其中，破冰与放松。

主题导入（3～5 分钟）

方式——橘子猫情景剧演示：各种情绪都需要表达和抒发。

目的——利用不同情境帮助幼儿了解各种情绪。

用具——橘子猫玩偶。

主题活动（3～5 分钟）

方式——教师给幼儿太阳图，让其选颜色，吹画太阳，创造情绪能量太阳，体会吸、吹过程中气息的变化。

目的——体会吸、吹过程中气息的变化，释放负面情绪，以太阳意向强化正能量。

用具——吹画用品。

分享与总结（1～2 分钟）

方式——感受分享。

目的——引导幼儿充分表达活动过程中的各种感受。

律动结束（1 分钟）

方式——感恩律动。

目的——运用感恩升华主题。

欢乐结尾，创造期待。

六、注意事项

活动重点

教师引导幼儿在吹画过程中感受自己的情绪，并将其表达出来。

幼儿吹画时需控制冲动，胡乱吹动有如情绪的不合理表达，一样具有破坏性。

活动难点

教师鼓励幼儿描述自己的作品，通过作品了解其状态，协助其表达感受。

活动延伸

教师展示幼儿作品，家长接幼儿时，鼓励幼儿向家长介绍自己的作品，分享感受。

其他建议

家长将幼儿作品带回家，可张贴在重要位置，鼓励孩子合理表达情绪。

现场反馈	（由教师根据本班情况自行填写）
教师纪要	（由教师根据本班情况自行填写）

自 我

建立基础性别意识，了解核心性别差异
——身体的小秘密

涉及领域

健康	语言	社会	科学	艺术
🦉		🦉		

游戏指标

趣味性 ★★★
互动性 ★★★★
知识性 ★★★★
操作性 ★★★★

一、活动背景

性别是幼儿最早掌握并对他人进行分类的个人特征之一。幼儿对自己是男孩还是女孩的正确认知，主要受外界环境和教育等因素的影响。3 岁左右的幼儿已经可以明确自己的性别。随着幼儿开始上幼儿园，参与群体生活，幼儿在与同性和异性伙伴玩耍、交往的过程中，成人正确的引导会帮助他们巩固对自身性别角色的理解，即性别差异化和对隐私部位的认知。

二、活动概况

活动名称	身体的小秘密		针对问题	隐私部位概念模糊	
相关维度	自我		核心关键	性别认知	
活动代码	JII11B	授课对象	小班（下）	课时安排	10～15 分钟

三、活动目标

1. 通过情景剧帮助幼儿增强对自己生理性别清晰稳定的认知。
2. 通过绘画泳衣，帮助幼儿了解不同性别的人身体的隐私部位。

四、活动准备

类型		内容	明细（名称、数量、要求）
硬件准备	教具	教师示范用	互动屏
		教师奖励用	橘子猫笑脸或大拇指贴纸（若干）
		幼儿消耗用	裸体小人，画纸，画笔，互动屏
	场地	活动室	本班活动室
		桌椅摆放	半圆形围坐（或横排坐），确保每个幼儿都能看到教师，便于教师演示情景剧，也便于幼儿绘画
		其他	无
软件准备		幼儿相关能力	由教师根据本班情况自主填写
		本活动重点关注幼儿	由教师根据本班情况自主填写

五、活动过程

热场（1～2 分钟）

方式——在多媒体课件带动下，进行 1～2 分钟律动。

目的——激发引导幼儿充分参与其中，破冰与放松。

主题导入（3～5 分钟）

方式——互动屏演示情景剧《小鸡鸡的故事》。

目的——加强幼儿对自身生理性别的清晰、稳定的认知。

用具——互动屏及相关设计。

主题活动（3～5分钟）

方式——教师发画纸，由幼儿给画上的裸体小人画泳衣。

目的——学习并强化不同性别的人身体的隐私部位。

用具——裸体小人，画纸，画笔，互动屏。

分享与总结（1～2分钟）

方式——感受分享。

目的——引导幼儿表达自己今天学到了什么，强化认知。

律动结束（1分钟）

方式——感恩律动。

目的——运用感恩升华主题。

欢乐结尾，创造期待。

六、注意事项

活动重点

教师准确传递知识信息：男孩、女孩的性别差异，隐私部位的描述。

活动难点

教师应把握知识点的难易度，过难容易造成幼儿理解困难，过于简单又会造成幼儿丧失学习的兴趣。

活动延伸

幼儿将绘画作品带回家后，充当小老师，将学到的知识讲解给家庭成员，强化理解与记忆。

其他建议

幼儿园落实男女分厕，招募部分男教师，为幼儿树立不同的性别榜样。

家长用健康的情绪让孩子形成性别意识，坦然面对孩子关于性的问题。

现场反馈	（由教师根据本班情况自行填写）
教师纪要	（由教师根据本班情况自行填写）

自　我

建立身体安全意识，提升自我保护能力

——我的身体我做主

涉及领域

健康	语言	社会	科学	艺术
✓	✓	✓		

游戏指标

趣味性 ★★★★

互动性 ★★★

知识性 ★★★

操作性 ★★★★★

一、活动背景

在幼儿形成了对性别差异化和隐私部位的认知之后，成人还要帮助幼儿建立保护身体安全的良好危机意识。除了内衣内裤所覆盖的隐私部位，幼儿的口唇、耳根、胸部、脖颈等也是他人不可以随意触碰的地方。很多家长喜欢让孩子被亲友抱抱、拍拍脑袋，以此显示亲热，对孩子表现出的抵触情绪不以为然，一味让孩子“听话”。恰恰是这些举动，可能会使幼儿混淆和疑惑自身的权利边界。在父母不在场时，错将其他长辈和陌生人的侵犯行为认为是表示友爱的一种方式，错认为自己要“听话”，选择不抵抗。因此，需要通过情景模拟的方式帮助幼儿建立边界，学会说“不”。

二、活动概况

<table>
<tr><td>活动名称</td><td colspan="2">我的身体我做主</td><td>针对问题</td><td colspan="2">身体保护意识薄弱</td></tr>
<tr><td>相关维度</td><td colspan="2">自我</td><td>核心关键</td><td colspan="2">身体安全</td></tr>
<tr><td>活动代码</td><td>JII12B</td><td>授课对象</td><td>小班（下）</td><td>课时安排</td><td>10～15 分钟</td></tr>
</table>

三、活动目标

1. 帮助幼儿建立身体安全意识，明确身体底线。
2. 引导幼儿学会当身体底线被触碰时的应对措施。

四、活动准备

<table>
<tr><th colspan="2">类型</th><th>内容</th><th>明细（名称、数量、要求）</th></tr>
<tr><td rowspan="6">硬件准备</td><td rowspan="3">教具</td><td>教师示范用</td><td>互动屏</td></tr>
<tr><td>教师奖励用</td><td>橘子猫笑脸或大拇指贴纸（若干）</td></tr>
<tr><td>幼儿消耗用</td><td>无</td></tr>
<tr><td rowspan="3">场地</td><td>活动室</td><td>本班活动室</td></tr>
<tr><td>桌椅摆放</td><td>半圆形围坐（或横排坐），确保每个幼儿都能看到教师和互动屏，便于教师演示</td></tr>
<tr><td>其他</td><td>无</td></tr>
<tr><td colspan="2" rowspan="2">软件准备</td><td>幼儿相关能力</td><td>由教师根据本班情况自主填写</td></tr>
<tr><td>本活动重点关注幼儿</td><td>由教师根据本班情况自主填写</td></tr>
</table>

五、活动过程

热场（1～2 分钟）

方式——在多媒体课件带动下，进行 1～2 分钟律动。

目的——激发引导幼儿充分参与其中，破冰与放松。

主题导入（3～5分钟）

方式——温习“身体的小秘密”活动。

目的——帮助幼儿回忆：内衣内裤覆盖的位置是身体的小秘密。

用具——互动屏。

主题活动（3～5分钟）

方式——①当教师在互动屏上点选小人敏感部位时，互动屏有禁止的语音发出；演示当身体的小秘密被触碰时的合理表达与反应。②老师与幼儿进行互动游戏，练习面对陌生人时如何保护自己的身体隐私。

目的——学习当身体的小秘密被触碰时的合理表达与反应，通过练习强化幼儿表达的勇气与习惯。

用具——互动屏。

分享与总结（1～2分钟）

方式——感受分享。

目的——引导幼儿表达自己今天学到了什么，强化认知。

律动结束（1分钟）

方式——感恩律动。

目的——运用感恩升华主题。

欢乐结尾，创造期待。

六、注意事项

活动重点

幼儿学习身体底线的概念及底线被触碰时的合理反应。

活动难点

教师帮助幼儿树立“我的身体我做主”的意识，建立安全底线；培养幼儿合理表达的勇气。

活动延伸

幼儿回到家后与家庭成员进行角色扮演，强化理解与记忆。

其他建议

家长首先要让孩子认识自己的身体，知道各部位的名称，包括哪些部位是最重要的、最隐私的，是不能随意看和碰触的。图画是最简单的方式。

家长在给孩子洗澡的时候告诉他们："现在妈妈或爸爸可以看你的身体，抚摸你的身体，这是因为我们是你最亲近的人，并且是为了给你清洗身体；到了医院，在爸爸妈妈的监督下，医生、护士也可以看你的身体，这是为了给你治病。但除此之外，其他的人，无论是谁，哪怕是我们的亲戚，首先要经过我们的同意并且你自己愿意，才可以触碰你。"

家长告诉孩子如何面对威胁。大量真实发生的幼儿性侵案例中，幼儿没有告诉家长的一个很普遍的原因是受到了威胁。所以家长一定要跟孩子强调："面对坏人可以说谎，并且不要相信坏人的话。我们一定会保护好你的。只要我们告诉了警察叔叔，所有坏人都会被抓起来！"

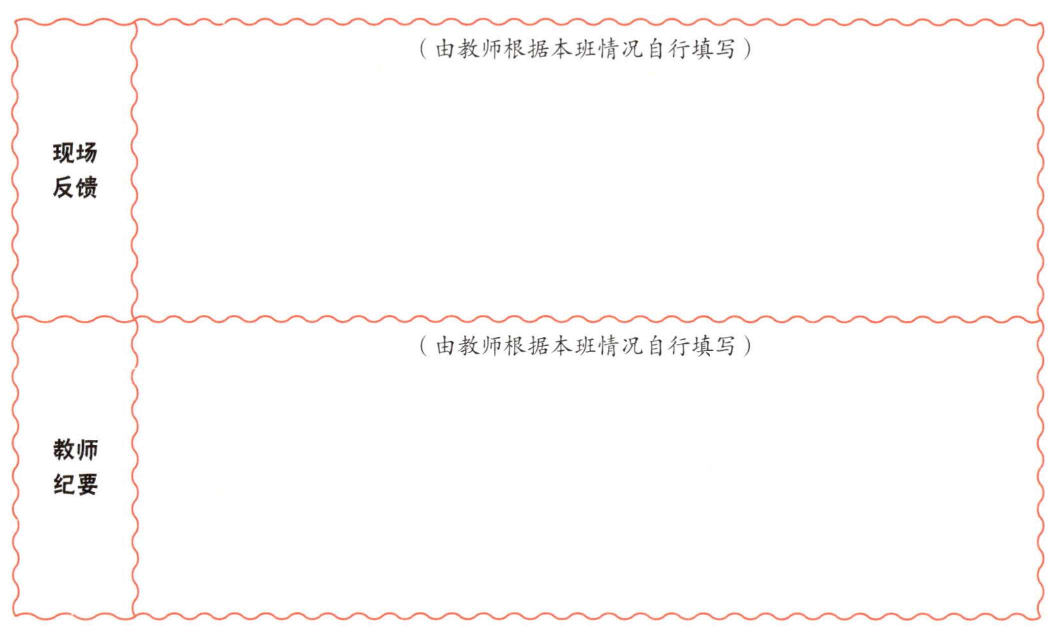

现场反馈	（由教师根据本班情况自行填写）
教师纪要	（由教师根据本班情况自行填写）

人际交往

人际互动的正向体验，平衡争抢与共享（二）
——超级榨汁机

涉及领域

健康	语言	社会	科学	艺术
🦉	🦉	🦉		

游戏指标

趣味性 ★★★

互动性 ★★★

知识性 ★★★★

操作性 ★★★★

一、活动背景

爱玩是孩子的天性，幼儿的身心发展需要在玩的过程中完成。日常幼儿会花很长时间玩玩具，这个过程中常常出现幼儿争抢玩具的现象。争抢玩具是幼儿发展过程中的一种正常现象，但可能会破坏幼儿的人际关系，也易导致意外发生，所以不被鼓励。这种现象一般在两岁左右开始出现，教师应该和家长共同努力，帮助幼儿尽快学习相关规则，减少不良行为，学会和其他幼儿交往的正确方式。

二、活动概况

<table>
<tr><td>活动名称</td><td colspan="2">超级榨汁机</td><td>针对问题</td><td colspan="2">争抢物品</td></tr>
<tr><td>相关维度</td><td colspan="2">人际交往</td><td>核心关键</td><td colspan="2">人际互动正向体验</td></tr>
<tr><td>活动代码</td><td>JII13D</td><td>授课对象</td><td>小班（下）</td><td>课时安排</td><td>10 ～ 15 分钟</td></tr>
</table>

三、活动目标

1. 创设争抢的情境，帮助幼儿释放占有欲。

2. 引导幼儿体验物资的充足性，在活动中建立起心理安全感，从而自然而然地弱化日常生活中的争抢。

3. 引导幼儿锻炼转化指令要求的技能，辨别颜色。

四、活动准备

<table>
<tr><th colspan="2">类型</th><th>内容</th><th>明细（名称、数量、要求）</th></tr>
<tr><td rowspan="6">硬件准备</td><td rowspan="3">教具</td><td>教师示范用</td><td>大厨帽子，互动屏，不同颜色果汁的卡片</td></tr>
<tr><td>教师奖励用</td><td>橘子猫笑脸或大拇指贴纸（若干）</td></tr>
<tr><td>幼儿消耗用</td><td>大厨帽子，互动屏</td></tr>
<tr><td rowspan="3">场地</td><td>活动室</td><td>本班活动室</td></tr>
<tr><td>桌椅摆放</td><td>无桌椅，也可铺设地垫</td></tr>
<tr><td>其他</td><td>无</td></tr>
<tr><td colspan="2" rowspan="2">软件准备</td><td>幼儿相关能力</td><td>由教师根据本班情况自主填写</td></tr>
<tr><td>本活动重点关注幼儿</td><td>由教师根据本班情况自主填写</td></tr>
</table>

五、活动过程

热场（1～2 分钟）

方式——在多媒体课件带动下，进行 1 ～ 2 分钟律动。

目的——激发引导幼儿充分参与其中，破冰与放松。

主题导入（3～5分钟）

方式——规则陈述。

目的——使用教具演示活动规则。

用具——大厨帽子，互动屏，不同颜色果汁的卡片。

主题活动（3～5分钟）

方式——①互动屏展示各种蔬菜和食物，幼儿分为2～3组，根据教师指令（如红色果汁）在自己的蔬菜超市点选相应种类的原材料，已被点选的原材料不能再次被选，每个种类都有相应的2～3种，确保每组都可选到1种。②注意指令中对色彩这一元素的关注，并逐步加大难度，如指令为“橙色”，幼儿则要点选红色和黄色的原材料进行混合。

目的——释放占有欲，体验物资充足性，建立心理安全感，转化指令要求，辨别颜色。

用具——大厨帽子，互动屏，不同颜色果汁的卡片。

分享与总结（1～2分钟）

方式——感受分享。

目的——让幼儿明白物品是充足的，可以满足所有人的需求，可以被共享。

律动结束（1分钟）

方式——感恩律动。

目的——运用感恩升华主题。

欢乐结尾，创造期待。

六、注意事项

活动重点

幼儿释放占有欲本能。

物资的充足性建立起幼儿的心理安全感。

活动难点

活动应避免幼儿因碰撞发生伤害。

教师正向引导。

活动延伸

教师请幼儿回到家与家长分享活动中自己付出的努力及感受。

其他建议

教师教给幼儿正确获取物品的方法，避免争抢。

教师确立好玩玩具时的规则。

教师注意培养幼儿分享的习惯。

教师在幼儿出现问题时正确引导。

教师教幼儿怎样正确地与他人交往。

家长在家中与幼儿玩游戏时也要确立好规则。

家长及时帮幼儿解决问题并教给幼儿解决问题的方法。

现场反馈	（由教师根据本班情况自行填写）
教师纪要	（由教师根据本班情况自行填写）

自　我

提升自我认知和表达力，引发思考、改善表达

——喜欢和不喜欢

涉及领域

健康	语言	社会	科学	艺术

游戏指标

趣味性 ★★★

互动性 ★★★★

知识性 ★★★

操作性 ★★★★★

一、活动背景

莎士比亚曾说过：“学问必须合乎自己的兴趣，方才可以得益。”幼儿拥有良好的兴趣爱好，对其一生的发展都有着重要而深远的影响。良好的兴趣爱好既能增加幼儿生活的乐趣，又能陶冶幼儿的情操，还能够不断增强幼儿的综合素质，对幼儿的身心健康起到至关重要的作用。小班幼儿受限于自我认知及语言表达的发展水平，有时对自身的喜

好表述不清楚、不完整。本活动以基本的喜好元素为出发点，引发幼儿思考，增进自我认知，增强语言表达能力和自信心。

二、活动概况

活动名称	喜欢和不喜欢		针对问题	喜好不明，无法准确表达	
相关维度	自我		核心关键	促进自我认知、语言表达	
活动代码	JII14B	授课对象	小班（下）	课时安排	10～15分钟

三、活动目标

1. 引导幼儿能够说出自己喜好的事物的名称及1～2点主要特征。

2. 引导幼儿学会运用“我喜欢……它的颜色是……形状是……味道是……”的句型。

3. 引导幼儿说出喜好的事物能为自己带来的好处是什么，比如“让我感到很开心”等。

四、活动准备

类型		内容	明细（名称、数量、要求）
硬件准备	教具	教师示范用	橘子猫挂图，鼻子贴，眼罩，奖品口袋（橘子猫贴纸或代币），问题卡
		教师奖励用	橘子猫笑脸或大拇指贴纸（若干）
		幼儿消耗用	橘子猫挂图，鼻子贴，眼罩，奖品口袋（橘子猫贴纸或代币），问题卡
	场地	活动室	本班活动室
		桌椅摆放	半圆形围坐（或横排坐），确保每个幼儿都能看到教师，便于教师演示；也可铺设地垫，幼儿面向教师席地而坐
		其他	无
软件准备		幼儿相关能力	由教师根据本班情况自主填写
		本活动重点关注幼儿	由教师根据本班情况自主填写

五、活动过程

热场（1～2分钟）

方式——在多媒体课件带动下，进行1～2分钟律动。

目的——激发引导幼儿充分参与其中，破冰与放松。

主题导入（3～5分钟）

方式——规则演示。

目的——运用教具将规则演示清晰。

用具——橘子猫挂图，鼻子贴，眼罩，奖品口袋（橘子猫贴纸或代币），问题卡。

主题活动（3～5分钟）

方式——教师选幼儿上台玩贴鼻子游戏，幼儿戴上眼罩给挂图上的橘子猫贴鼻子，准确贴上鼻子的可以领取奖品，没准确贴上的获得话语权，抽问题卡片，用“我是……我喜欢……我不喜欢……”回答。喜欢或不喜欢的可以是动物、动画角色、颜色、玩具、运动、食物、交通工具等，回答完问题的幼儿有权指定其他幼儿回答这一问题。

目的——从认知、能力、情感三个层面表述喜好。

用具——橘子猫挂图，鼻子贴，眼罩，奖品口袋（橘子猫贴纸或代币），问题卡。

分享与总结（1～2分钟）

方式——感受分享。

目的——引导幼儿充分分享活动感受，强化语言表达。

律动结束（1分钟）

方式——感恩律动。

目的——运用感恩升华主题。

欢乐结尾，创造期待。

六、注意事项

活动重点

教师引导幼儿自我思考，给出句式范例，充分练习，使幼儿获得自我认知，提升表达力。

活动难点

幼儿从认知、能力、情感三个层面进行表达练习，锻炼内在对逻辑的架构。

活动延伸

幼儿回到家后可和家长反复练习学到的句式。

其他建议

教师和家长在日常生活中鼓励幼儿表达自己的喜好和感受，养成倾听的习惯，尽量避免负面评判，为幼儿创造安全、合理的表达空间。

教师创设不同情境，激发幼儿的求知欲和好奇心，帮助幼儿从喜好的某一事物延伸出更多维度的兴趣爱好。

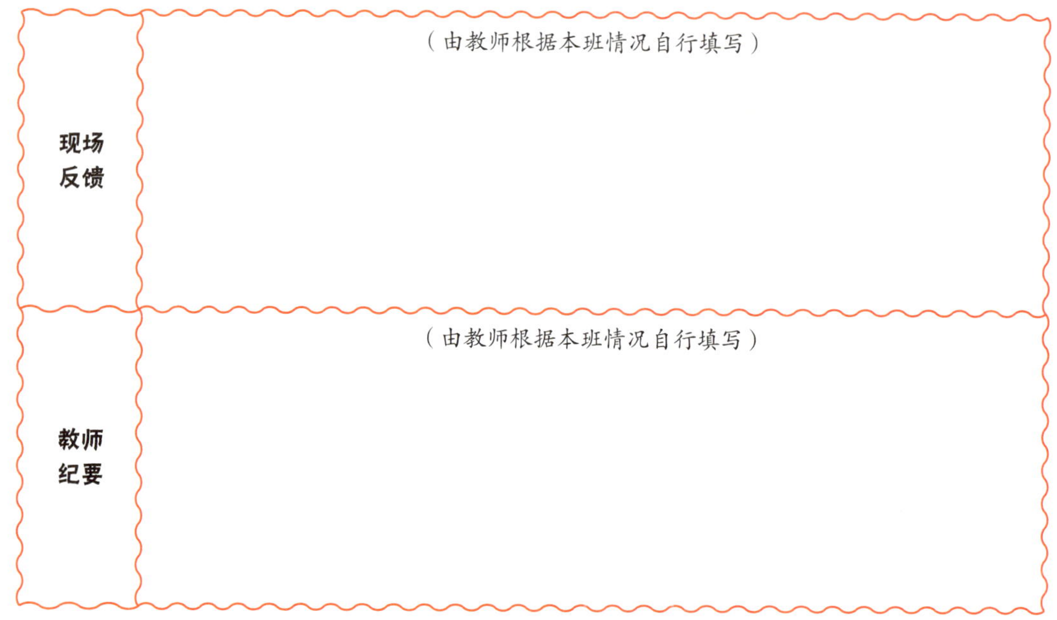

现场反馈	（由教师根据本班情况自行填写）
教师纪要	（由教师根据本班情况自行填写）

自　我

听动协调练习，提升专注力

——小小乐队

涉及领域

健康	语言	社会	科学	艺术

游戏指标

趣味性 ★★★★

互动性 ★★★

知识性 ★★★

操作性 ★★★★

一、活动背景

很多家长都会问：为什么孩子看电视和平板电脑时专注力很好，看书的时候就不行？孩子做什么事情都三分钟热度怎么办？孩子一个人玩积木可以长达四五小时，这正常吗？孩子做作业时，中间要喝水、吃水果、上厕所，要好几小时怎么办？孩子明明很聪明，为什么学习成绩就是上不去？

注释：

①感觉动作统合训练，系运用专门的教具和方法，对感觉信息整合能力失调的儿童进行的引导其对感觉刺激做出适当反应以达到适应周围环境的一种训练。

——教育学名词审定委员会:《教育学名词》，北京，高等教育出版社，2013。

无论是幼儿还是小学生，都可能存在专注力不足的问题。专注力是需要从小培养的，区别于0～3岁注重感觉动作统合训练①和精细动作训练，儿童成长规律表明，3～6岁这个阶段为更适合进行专注力训练的时期，其中以听动的协调为重中之重。

二、活动概况

活动名称	小小乐队		针对问题	专注力薄弱	
相关维度	自我		核心关键	听动协调	
活动代码	JII15B	授课对象	小班（下）	课时安排	10～15分钟

三、活动目标

1. 通过游戏化设置，提升幼儿的听动协调能力。
2. 增强幼儿对相关练习的兴趣和信心，为未来发展打好心理基础。

四、活动准备

类型		内容	明细（名称、数量、要求）
硬件准备	教具	教师示范用	互动屏
		教师奖励用	橘子猫笑脸或大拇指贴纸（若干）
		幼儿消耗用	无
	场地	活动室	本班活动室
		桌椅摆放	不需要桌椅，也可铺设地垫
		其他	无
软件准备		幼儿相关能力	由教师根据本班情况自主填写
		本活动重点关注幼儿	由教师根据本班情况自主填写

五、活动过程

热场（1～2分钟）

方式——在多媒体课件带动下，进行1～2分钟律动。

目的——激发引导幼儿充分参与其中，破冰与放松。

主题导入（3～5分钟）

方式——规则陈述。

目的——使用教具演示活动规则。

用具——互动屏。

主题活动（3～5分钟）

方式——①互动屏展示四种乐器，吹、拉、弹、敲各一种，幼儿分为两组或三组，认真听教师指令，按指令通过点击互动屏上的图标演奏乐器。②每组成功演奏四种乐器后，按教师指令共同演奏乐曲，由互动屏的音响播放。

目的——引导幼儿将听到的有效转化为行为，进行准确听动匹配。

用具——互动屏。

分享与总结（1～2分钟）

方式——感受分享。

目的——充分理解专注能帮助我们实现目标。

律动结束（1分钟）

方式——感恩律动。

目的——运用感恩升华主题。

欢乐结尾，创造期待。

六、注意事项

活动重点

听觉、动作的协同练习不可割裂。

活动难点

教师把握指令与互动屏呈现的节奏。

活动延伸

教师请幼儿回到家与家长分享活动中自己的感受。

其他建议

每个年龄段幼儿保持注意力的时间不同，教师不可过于强求。

教师挖掘幼儿的兴趣爱好，从幼儿感兴趣的事物入手，逐步练习专注力。

教师了解幼儿在完成任务过程中的压力和感受，并予以尊重。

教师及时鼓励幼儿。

教师有计划地安排幼儿需要完成的家园任务，对难易度进行合理评估。

教师应通过科学的练习方法加以辅助。

教师给幼儿适当的空间独立完成任务，不加以干扰。

人际交往

尊重物权，体验分享的快乐

——幼儿园分享日

涉及领域

健康	语言	社会	科学	艺术

游戏指标

一、活动背景

分享是一种亲社会行为，是社会能力发展的重要目标。独生子女家庭的孩子独自拥有玩具、食物、衣服甚至大人的爱，分享的意识可能很淡薄。学会分享是幼儿教育的基础任务之一。本活动的分享练习旨在帮助幼儿感知分享的真正含义及分享带来的快乐，从而使幼儿自发地与他人分享，并成为有利于社会的人。

二、活动概况

<table>
<tr><td>活动名称</td><td colspan="2">幼儿园分享日</td><td>针对问题</td><td colspan="2">争抢物品，不愿分享</td></tr>
<tr><td>相关维度</td><td colspan="2">人际交往</td><td>核心关键</td><td colspan="2">体验分享的快乐</td></tr>
<tr><td>活动代码</td><td>JII16D</td><td>授课对象</td><td>小班（下）</td><td>课时安排</td><td>10～15 分钟</td></tr>
</table>

三、活动目标

1. 协助幼儿挑选自己愿意分享的物品，开启幼儿的分享意识。
2. 引导幼儿与他人交换或共享自己的物品，充分体验分享的快乐。

四、活动准备

<table>
<tr><th colspan="2">类型</th><th>内容</th><th>明细（名称、数量、要求）</th></tr>
<tr><td rowspan="6">硬件准备</td><td rowspan="3">教具</td><td>教师示范用</td><td>示范玩具</td></tr>
<tr><td>教师奖励用</td><td>橘子猫笑脸或大拇指贴纸（若干）</td></tr>
<tr><td>幼儿消耗用</td><td>若干幼儿园玩具，若幼儿没有自带，可供练习使用</td></tr>
<tr><td rowspan="3">场地</td><td>活动室</td><td>本班活动室</td></tr>
<tr><td>桌椅摆放</td><td>半圆形围坐（或横排坐），确保每个幼儿都能看到教师，便于教师演示规则；为幼儿物品交换后的共玩提供空间；还可以放置地垫，便于幼儿物品交换后的共玩</td></tr>
<tr><td>其他</td><td>无</td></tr>
<tr><td colspan="2" rowspan="2">软件准备</td><td>幼儿相关能力</td><td>由教师根据本班情况自主填写</td></tr>
<tr><td>本活动重点关注幼儿</td><td>由教师根据本班情况自主填写</td></tr>
</table>

五、活动过程

热场（1～2 分钟）

方式——在多媒体课件带动下，进行 1～2 分钟律动。

目的——激发引导幼儿充分参与其中，破冰与放松。

主题导入（3～5 分钟）

方式——教师示范。

目的——使用玩具演示活动规则。

用具——示范玩具。

主题活动（3～5分钟）

方式——教师提前与家长约定好，分享日让幼儿携带与幼儿商量后达成统一意见的分享物，可以是书籍，可以是玩具。在课程现场，幼儿拿出自己的玩具，可以请热情好动的幼儿自愿介绍自己玩具的名称和玩法，发出邀请，请别的幼儿一起玩，或者与别人交换玩具。教师演示该过程中的礼貌用语，如“我能和你交换玩具玩吗？”或者“请你把你的玩具借我玩一下好吗？”在接下来“大家一起玩”的环节中，教师引导幼儿和他人交换玩具，同时提醒幼儿玩别人玩具的时候要小心，要爱护玩具，不能把玩具弄坏了。一些性格较内向的幼儿，可能坐在小椅子上拿着自己的玩具一动也不动，教师要引导那些性格开朗的幼儿主动与他们交换玩具，但不勉强；对携带故事书的同学，可以请他们给别人讲故事，或者交换书籍阅读。

目的——尊重幼儿的物权意识，引导幼儿发现分享的好处，在分享中体验快乐。

用具——若干幼儿园玩具。

分享与总结（1～2分钟）

方式——升华分享主题，强化分享的快乐，尊重不分享的选择；引导合理的表达（在不愿意分享的时候）和及时的拒绝（在面对别人强行要求分享的时候）。

目的——使幼儿理解物品的分享是安全的、快乐的。

律动结束（1分钟）

方式——感恩律动。

目的——运用感恩升华主题。

欢乐结尾，创造期待。

六、注意事项

活动重点

教师引导幼儿进行实质的交换，感受和表达分享的心情。

活动难点

教师面对不愿分享或强行要求他人分享等不同情境时应妥善应对与处理。

活动延伸

教师请幼儿回到家与家长分享当日活动中自己付出的努力及感受。

其他建议

幼儿对某个物品的所有权的确认是自我意识健康发展的前提。

拥有对自己物品的控制权是分享的前提。

教师主动创造幼儿园情境中的交换和合作机会，帮助幼儿感受分享的乐趣。

教师让结果自然呈现，帮助幼儿体验不愿分享的后果：如这次自己不愿分享，下次自己想玩别人的玩具时可能也没办法实现。教师增加幼儿亲身体验的机会，鼓励幼儿自己感悟人际交往的法则。

家庭中养成幼儿分享习惯的小方法有：与家庭成员的分享；家长对孩子言而有信，帮孩子建立对他人的信任感，这样孩子会更有安全感，愿意去分享；家长多带孩子参加集体活动。

现场反馈	（由教师根据本班情况自行填写）
教师纪要	（由教师根据本班情况自行填写）